U0037360

大川隆法 著

智慧之法

人生於世間，走過一輩子，最後能帶回到來世的只有「心」。在這個「心」當中，能夠如鑽石一般常保閃耀光芒的則是「智慧」。

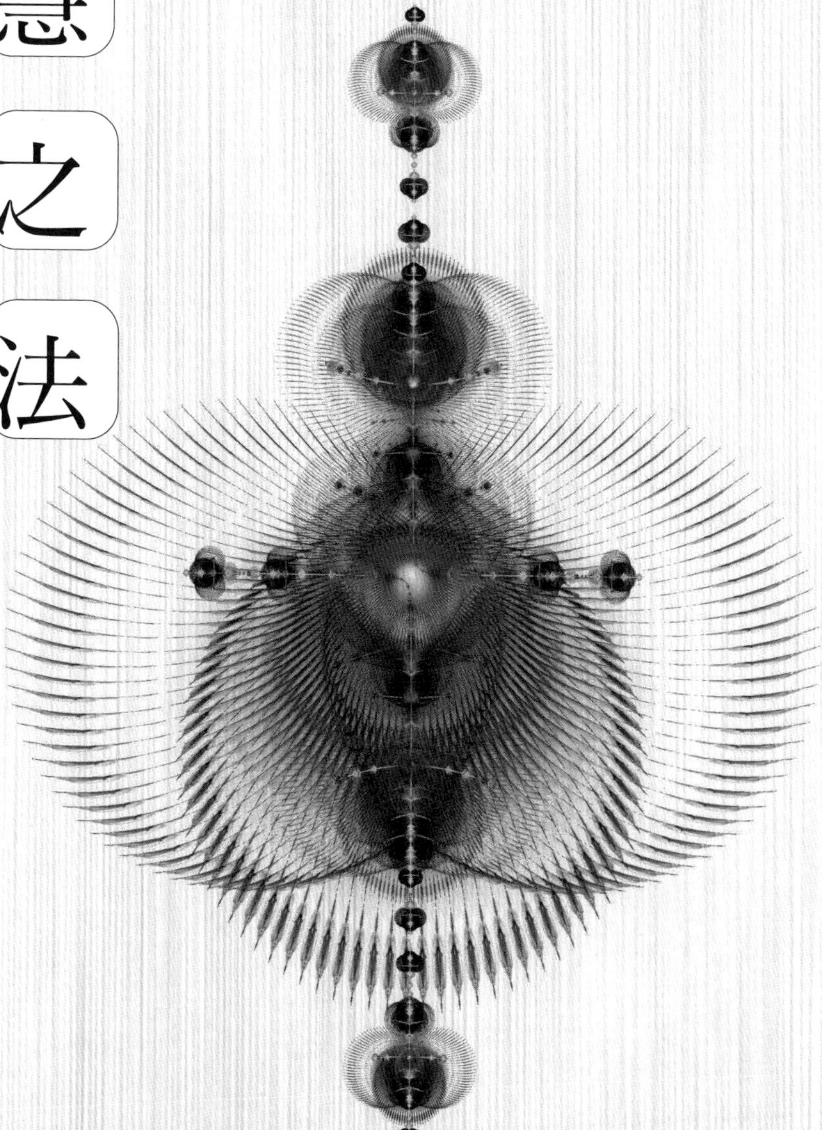

國家圖書館出版品預行編目(CIP)資料

智慧之法 / 大川隆法著；幸福科學翻譯小組譯.
-- 初版. -- 臺北市：信實文化行銷, 2015.03
面；　公分. --（Wha's being）
ISBN 978-986-5767-56-3（精裝）

1. 新興宗教　2. 靈修

226.8　　104002355

What's Being
智慧之法

作者　大川隆法
翻譯　幸福科學翻譯小組
總編輯　許汝紘
副總編輯　楊文玄
美術編輯　楊詠棠
行銷企劃　陳威佑
發行　許麗雪
出版　信實文化行銷有限公司
地址　台北市大安區忠孝東路四段 341 號 11 樓之三
電話　（02）2740-3939
傳真　（02）2777-1413
網址　www.whats.com.tw
E-Mail　service@whats.com.tw
Facebook　https://www.facebook.com/whats.com.tw
劃撥帳號　50040687 信實文化行銷有限公司

印刷　上海印刷廠股份有限公司
地址　新北市土城區大暖路 71 號
電話　（02）2269-7921

總經銷　聯合發行股份有限公司
地址　新北市新店區寶橋路 235 巷 6 弄 6 號 2 樓
電話　（02）2917-8022

© Ryuho Okawa 2015
Traditional Chinese Translation © HAPPY SCIENCE 2015
Original Japanese language edition published as '*Chie No Ho*' by IRH Press Co., Ltd. in 2014.
All Rights Reserved.
No part of this book may be reproduced in any form without the written permission of the publisher.

著作權所有・翻印必究
本書文字非經同意，不得轉載或公開播放
2014 年 3 月 初版
定價：新台幣 380 元

更多書籍介紹、活動訊息，請上網輸入關鍵字 華滋出版 搜尋

第六章　智慧的挑戰

前言

人生於世間，走過一輩子，最後能帶回到來世的只有「心」。在這個「心」當中，能夠如鑽石一般常保閃耀光芒的則是「智慧」。

本書透過各種角度，講述了人生當中應致力獲得的智慧。從每個人該有的人生態度、知性生產的秘訣，乃至經營者在管理方面的秘密等等，介紹了許多極具價值的思考方式。

這個時代的覺悟，真是具備了多種及複雜的面向。然而，最重要的一點在於，藉由努力，便能讓一道光明射入你的靈魂，使寶貴的人生時光產出美麗的結晶。

接續自去年起持久熱銷的《忍耐之法》，此書《智慧之法》能順利發行，就某個角度而言，或許可謂為佛法成功現代化的佐證。

二〇一四年 十二月

幸福科學集團創始者兼總裁　大川隆法

獻給讀者的話

資訊、知識、智慧

源源不絕地經由耳朵、眼睛匯集於腦裡的事物，
那即是「資訊」。
「資訊」可以累積，
亦可進行處理。

當「資訊」變成了自己能應用的程度，
能化為學問的力量，
或是能化為工作上之助力的，即為「知識」。

「知識」即是力量。
知曉必要之事，
並在必要之時能自由運用，
是生活於現代社會中所須之技術，更是武器。

然而，還有更重要之事物，
那便是「智慧」。
當「知識」受到經驗的淬鍊，
足以到達能夠提升人生觀的程度，
並且能化為引領至覺悟境界的話語時，
那即是「智慧」。

以區分善惡的篩子將「知識」過濾之後，

「智慧」即會出現。

在深切自省之時、瞑想之時，

將會產生「智慧」的結晶。

那就像是，

自天上一隅落下的靈感一般。

第一章

第一章　邁向繁榮的大戰略

——每個人的「努力」與「忍耐」，將開啟繁榮的未來

1．二十八年間，我持續傳播「正確的真理」

我首次在各位面前，登上說法壇講演，覺悟到此工作是為自身天命，源自我三十歲時（一九八六年十一月二十三日「幸福科學創始紀念座談會」）。自二十歲算起，已經過整整十年的時間。

十年間，我自己累積努力、學習，如孔子所說的三十而立，選擇了以站在人們的面前，講述自己的想法為職志。

歲月如梭，轉瞬即逝。從那天開始，已度過二十八年的歲月。最初聽我說法的，是來自全國各地聚集的僅僅八十六人。

然而，到了講述本章內容之法話時，也就是二〇一四年七月八日的「誕生慶典」上，會場的琦玉超級體育館裡，聽眾座無虛席，甚至透過衛星，轉播至全日本和世界各國共計三千五百個會場。此外我的說法講演還出版成書，並翻譯成二十七個不同語言的版本。

我感覺到法輪不斷地轉動，正在向全世界普及。這也證明了我在三十歲時，認定這是我應走之路，並且不猶豫地往前邁進是真實的。

當時幾乎沒有人相信，即便那從天上界降下的覺悟之言，或者說是啟示，透過降臨我身而如實傳達出來，當時對此相信之人仍屈指可數。

然而，我還是在戰役中，穩步地一路走來，那是因我不斷地朝著人們的心靈訴說。

我持續述說著「事實就是事實、真實就是真實」、「真理永遠不死」。

如果我說的是虛偽謊言，那麼就會敗於各種批判、責難、攻擊；然而，真實的話語即使受到批判、遇到逆境仍能夠繼續前進。

我透過這個人生，讓人們認識到，正確的真理能夠開拓人生大道，並且將成為巨大「發展」的原動力。

2・「龐大的政府」必會招致國民的墮落

本章的題目為「邁向繁榮的大戰略」。這個講題，如果是針對日本全國述說，照理應該是由總理大臣來講述。如果是針對全世界，應該就沒有人能講述如此主題。但我現在並不打算取代政治家的立場，來講述其內容。我終究是以一名宗教家的立場，呼籲每個人回歸出發點，並且明白應該要抱持何種心態。

當今的日本政權，採行著富涵創造性的政治。這是過去日本未曾出現過的，至少是在近二十年內沒有過的現象。

雖然和外國之間出現一些摩擦，但日本現正進行著罕見的創造性政治。

然而，如果從宗教的立場，以及從每一個個人的立場來觀察時，就必須要有著不同的思考方法。

那是什麼呢？

如果每一位國民，對政府懷有期待，期待政府的力量，並且期待政府能為自己做些什麼，甚至認為「透過改變世間的各種制度、機關單位、結構等等，就能讓未來更顯光輝」的話，那麼，如此想法會讓各自的靈魂修行出現不足之處。

無庸置疑，政治優秀、國家政策和國家戰略明確，必可創造出光明的未來，這點我沒有異議。

但是身為一介國民，不能忘記的是「龐大的政府必會招致國民的墮落」，這在歷史上已經得到了證明，過於依賴巨大的存在是很危險的。

我們能夠得到國家充分的恩惠，然而，置身於其中的每一個人，必須成長為一個能夠判斷、思索未來的自立之人。

3．現今所必須的「內在革命」為何？

回到原點，試問「自己能夠做什麼？」

「邁向繁榮的大戰略」不是由國家建立就好，而是構成該國家的國民本身，應該要樹立此等戰略。不僅是日本，同時我也想向全世界的人們訴說如此道理。

現今各位的國家，其政治也未必能滿足各位的期待。任何國家的政治均不足以滿足人民期待，這是事實。

但是各位必須明白，那般政治實行的結果，或者說承擔政治責任之人所制定的國家戰略，是住在該國家的國民意見之總和。如果每個國民的素質低落的話，那麼該國家所制定的國家戰略以及政治和經濟等各種結構，亦將顯得差強人意。

因此，我在本章要特別強調的是，各位應該要再次「回歸原點」；回到原點上，問問自己「自己能夠做什麼？」。

能否回答出「何謂人的存在？」

日本當今的政治雖不是滿分，仍值得肯定。然而，不可只是依賴政府、等上十年、二十年、三十年。這道理對於其他國家來說也是一樣。身為國民的每一個人，都應當發起「內在革命」。

什麼是「內在革命」呢？現今所必須的、自身的「內在革命」、「內心當中的革命」是什麼呢？

那即是，必須要再次察覺一個事實：「現今的科技文明日益進步，此等受惠環境的背後，現代人已遺忘了一個非常重要的道理。」

有很多人歷經十年、二十年的長時間學習，從知名大學畢業、進了大企業、並獲得了各種各樣的證照。然而，「這樣的人們竟然不知道簡單的真理」，此等事實令人非常驚訝。更有甚者，還出現了許多人認為「神已死，神根本不存在」，或是「人可以取代神的存在」。

的確，倘若與兩三千年前比較起來，堪稱知識人的現代人，有機會取得過去的人們絕對無從獲得的知識或資訊。以過去的人之立場來看，現代人或許真有著如神一般的智慧。

然而，若是一個人回答不了「何謂人的存在？」，對於「自己從何而來，又將往何處去？」、「自己的人生目的究竟為何？」的疑問，也拿不出解答的話，那麼此人絕對無法值得被稱為「優秀之人」。莫如說是各種知識資訊和高科技，遮蔽了各位的眼睛，進而看不見什麼是真實。

人口朝向一百億成長時，佛神勢必看著各位

若是在兩千年前、三千年前就有佛神的存在的話，那麼在這人口遽增的現在，佛神可能放任各位不管嗎？那是絕對不可能的。

我著手進行這項事業的時候，向「全世界五十億人口」發出號召。不知不覺間，說法一度改變為「全世界六十億人口」。而今使用的是「全世界七十億人口」的講

法。地球人口的增加，比我教義傳達的速度還要快。

要讓如此朝著一百億增加的人口，在和平之中獲得繁榮與幸福，是多麼困難的事啊！難道各位認為，天上界的神、佛、諸如來、諸菩薩和光明天使們，會對此不聞不問嗎？

4．為了讓「繁榮的氣息」再度盈滿大地

接受上天賦予之天命，思考「自己能做什麼」

現今的日本提供人們豐盈的生活，美國也是如此。其他國家也應該是如此。但是世界上仍存在著十億以上處於貧窮和饑餓之中的人們，並且如此階層的人口，勢必將不斷增加。

單是在日本，被認為是「貧困」的人，亦超過人口的兩成。政府想必也想解決如

此問題，正想方設法地制定對策。

但不可以一昧地天真地依賴政府。假如在這個時機，只想著依賴「龐大政府」的力量，這個國家的步伐將會落後於時代。就如同過去曾經繁盛的國家，逐漸沒落下去一樣。

當今應該洗心革面、重新奮起，強而有力地讓世間充滿「繁榮的氣息」。

為此，應當如何努力呢？

天命已經下達了。「在世間創造神的國度、佛的國度、創造佛國土烏托邦」，如此天命已經下達。相信如此天命之人必須思考「承接如此天命之後，自己能做些什麼？」。

為了在世間創造「神的國度」，每個人能做什麼？

(1)「謙虛」與「探究正心」

首先，我希望各位「務必要謙虛」。

各位遠比過去的人具備更多的知識，甚至在各種研究中進入了「神的領域」。於此同時，各位必須知道，此時人們「亦忘卻了某種道理」。

人若是學習得越多，卻越是把人的靈魂機能視為「腦的作用」、「神經的作用」的話，那就太遺憾了。看到此等人們在引導世間，總使我感到悲哀至極。

所以，我希望成為領導者的人們，應該「虛心地聆聽天的聲音，並且將天的心願於世間具體地實現」。換句話說，即是「探究正心」以及「正心的樹立」。

(2) 藉由「忍耐」與「努力」，使靈魂綻放光輝

其次必須要做的，其實是非常平凡、理所應當的事，也是我長久以來一貫主張的內容。

若問那是什麼？那即是「人在世間若想成功、幸福，進而獲得繁榮，就必須要忍耐和努力」。

對於這再單純不過的事實，各位必須要再次確認。

幸福科學於二〇一四年，以《忍耐之法》（幸福科學出版）一書為中心，展開了各種活動。現在或許已經來到即便付出努力，也難以往前邁步的時代。

然而我認為，各位的人生並不會在這忍耐的時代中失去意義。正是在這如此忍耐的時代，才能考驗出各位的實力是否為真。

人之所以會成功，不僅來自一流的才能；歷史上眾多的成功者，未必都具有一流的才能。即便才能未必是一流的，但歷經不斷忍耐、持續不忘努力精進，才能跨越各種困難，在人類史上留下偉大足跡。

請不要懊悔於自己能力不足、才能缺乏，因為這正是意味著，各位被期待著能發展成一個偉大的靈魂而轉生於世間，這亦是一個機會。

如果你自認為懷有超級一流的才能，那麼我想提醒，「過去亦不乏這類之人」。自以為有超級一流才能的人，往往會厭倦付出努力。總是在想如何活得精明，總是缺乏耐心、過著任性的人生。這類人總想輕易地追求事物的結論，即便在信仰上，也總是期望能立即發生奇蹟。

我代表天上界指導靈們的共同意志，在此向各位傳達。

天上界的人們，並不希望各位如有心願便能立刻實現。祂們打從心底希望，各位在世間幾十年的人生中，能歷經忍耐和努力使靈魂閃耀、累積成績，進而走上那成功之路。

「自立的個人」能使世界遠離「獨裁」與「專制」

天上界的人們正來到各位身邊，欲為各位建議「應前進的方向」。歷經忍耐和努力獲得結果，並且心懷眾人均能夠幸福的希望，才是各位的真實人生，更是各位的權利。

不要只盼望被賜予一切，各位也應多少付出努力，將生於世間的幸福分享給他人，我期望各位能度過此等人生。

當今的世界存在著重大的問題。既有「戰爭與和平」的問題，亦有「和平與繁榮之關聯」的問題。如此巨大的問題，個人的力量實則無可奈何。

然而，我們必須留意，在近七十億人口的世界大環境中，別讓錯誤的獨裁者或專制者出現，將人們引導至錯誤的方向。

為此，如先前所述，每個自立之人須懂得「努力、精進、忍耐」，以及抱持「持續學習的態度」，有能力培養眾多如此之人的國家，便有能力保護這個世界。

5．正確的智慧將開啟通往繁榮之道

請各位要有著「正確的認識」。

請各位要有著「分辨正邪的智慧」。

如果這樣的人不出現，便無法引導世界走向正確的方向。

如果不盡量培育更多這類人才，便無法開拓邁向繁榮之路。

單靠一個人的力量，無法讓整個世界獲得幸福。

雖然我可以向每個人提出建議，但請各位切勿忘記，幸福還是得靠自己才能掌握。

不要依賴「龐大的政府」，每一個人都應該提高自身的素質。

並且，各位同心協力而產生的力量、團隊及組織，將形成巨大的潮流，推動並提高國家的素質，成就和平與繁榮。

此外，若有別的國家抱持野心，那應該好好地教育那個國家的人們「何為正確之路」。

只有自己先實踐，才能夠教導他人。

針對那些內心平靜、為求精進而每日抱持忍耐之心的人們所發出的惡口雜言、惡語、批判，最終那些批判，均將反彈回那些批判之人的身上。

真理即是如此。

真理就像鏡子。

映於鏡中的不是他人，而是各位的樣子、各個國家的樣子。

各位要秉持正心！
秉持正心之人應該要堅強！
秉持正心之人應該要善良！
秉持正心之人應該要繁榮！
更應在繁榮之中、構築和平的未來！

我對於各位寄予期待。
請務必同心協力，建設嶄新的「未來時代」！

第二章

第二章　知性生產的秘訣

——產出附加價值的「工作和學習的方法」

1．「知性生產」與「知性生活」的相異點

於世間產出「有價值的事物」

二〇一〇年內，我進行了兩百二十九次的說法；隔年的二〇一一年，因為沒有選舉的街頭演說，次數稍微少了一些，合計為兩百一十六次的說法。在那之後，每年均進行了差不多次數的講演，亦出版許多書籍，持續進行「知性生產」。

本章的主題為「知性生產的秘訣」，這篇內容至關重要。

倘若針對此主題深入講述，以書本來比喻，恐怕說上兩、三本也談不盡。再者，一次全盤托出也太沒意思了，所以我打算以一個章節的份量來論述。

此外，我在過去也應該於類似的主題當中，多少有所提及。

以我的工作來說，一整年進行多場說法、撰寫並出版多本書籍，更得空下時間淬鍊各種思想，對於負責教團的營運之人，「知性生產」確實非常重要。

所謂的「知性生活」，只要在生活裡安排出閱讀或是進修的時間，即可達成。然而，「知性生產」不僅止於此，也就是說，它還必須得生產出一些東西來，必須具備「生產性」。

換句話說，就是要替這個世間帶來「有價值的事物」，或是「必須產生附加價值」才行。

抱持著「只要有在學習即可」的想法，是到達不了知性生產的境界。

為了考試而努力讀書，當然算是一種用功。但這只是為了參加測驗並取得好成績，很難稱之為有「生產」出某種結果的行為。或許能夠「確認」學習的成果，卻還不及「生產」的階段。

不過若轉而著眼於「設計測驗的題目」的行為上時，或許就有一些知性生產的成份在。

達到「產出成果之知性生活」實為高難度

強制性的「被動地為用功而用功」，以及「具備知性生產機能的主動生活」的「為產出成果而用功」，兩種行為的意義並不相等。

如要論述「哪一邊比較有價值」，雖然不能一概而論，但是，後者的「主動的知性生活」、「產出成果的知性生活」，其實難度較高，通常是被稱為「專家」的人才有辦法實現。

然而，若問「哪一邊能獲得較多的幸福感」，那就很難說了。

不必寫書、不必講話，就像一個有著高度知性的老者一般，「退休後待在家裡，閱讀世界名著度日」，其實已是頗為幸福的生活，相信也有很多人自年輕時便很嚮往此等生活。

不過，這樣的生活方式仍有無法被允許的部分，還是得將自己學習得來的東西，回饋到世間才行。「僅將自己學習的事物，納為自身的財產」的行為，將越來越不可取。

所謂的學習，對於一個僅求滿足自己個人之事業及生活而學習的人來說，並不存在著責任感；然而，當經過一段時間的學習，知性的充實感達到必須為眾人提供助力的等級之時，就必須將自身所學向眾人分享。

為此，就非得透過某種形式，發表自己的想法或是表達出意見才行。

而這裡所說的等級，從「普通人」的等級，一直到「專家」的等級，分成許多的階段。

每跨越一個階段，就必得加上某種超越「單純的學習法」之技術。

畢竟世界上有眾多有著閱讀習慣的人，亦有無數的人在收集資訊。不論看電視或瀏覽網路均能得到資訊，使用手機等通訊產品也能取得。

倘若只是被動地接受這些資訊，僅能稱之為消費行為，相當於「只是聽著別人的話語」。

不止步於這樣的形式，欲想要前進到「將這些資訊，整理出自己的結論、重新排列、思索、產出思想」之階段時，就得用上相當程度的技術、經驗，以及類似智慧的各種能力。

2．借鏡「哲學家康德的生活習慣」

一輩子維持「嚴謹生活習慣」的康德

本章最開頭時，有提過我講述法話的次數。

我曾稍微涉獵過康德（Immanuel Kant）的哲學書籍，書裡有寫到「康德曾有一段時期，每週進行二十次的演說」，這令我大感訝異。

他的演講內容頗為深奧，一想到他能在一週內，演說那麼困難的內容高達二十次，很難不受震懾。

他在那之前或許安排了長時間的休假，不過，單純以一週二十次來計算的話，一年就等於是一千次，這可不是常人能負荷的。

一年進行一千次的演說，並且活到那把年紀（註：康德歿於七十九歲），算起來應有極大量的知性生產。不過實際上也沒有這麼密集，我想有一部分應該是替學生們講課的內容才是。

從生活方面來看，他也有令人深感不及之處；康德是出了名的早起，不分季節，他總在早上五點起床，早餐只喝紅茶。會這麼做是因為，吃得過於豐盛會使腦筋不靈活，所以喝過紅茶，便立刻開始學習或工作。

其後，約兩個小時的時間，康德用來閱讀或編撰演講大綱。到早上七點，在自家裡講課。

我自己也時常在幸福科學教祖殿的大悟館說法，大致像是這種感覺；康德並未到大學校園內講課，而是在自己家裡，每天早上七點開講。

以「由學生自行前往康德家裡」的形式，從七點到八點左右，每天大約講一個小時左右的課。康德一直遵循著這樣的模式。

康德雇了一名年長的管家協助事務，讓這個人負責於早上五點喚醒自己起床。康德並不喜歡被催著起床，但若管家沒有準時叫康德起床，之後會被罵得很慘，因此管家每天都很謹慎地恪守職責。

康德每日五點起床，花兩小時學習或準備講義，偶爾也撰寫文章。其後一早便開始上課，完成身為大學教授的義務。我想，若他有餘力，想必也會利用到中午之前的時間寫寫東西。

午餐時，招待幾名能夠與自己進行知性對話的朋友，用上約三個鐘頭的時間享用中餐。聽說席間偶爾也開紅酒喝。

下午時段，一樣每天準時拄著拐杖外出散步。

據說康德在德國一個名為柯尼斯堡的鄉間城鎮，一輩子維持此般生活節奏，從未離開過，這著實令人感到不可思議。他沒有去旅行，一步未離家鄉，一輩子除了散步之外，成天與書本為伍。

他或許認為「旅行會破壞生活節奏的規則」，也說不定只是「無法帶著大量書本外出」的緣故。

另外，康德是個對時間極為嚴謹的人。除了每天早上五點準時起床之外，關於他的生活步調，甚至傳出這樣的美談：「康德下午外出散步時，附近的居民會依據該時間對時。」

他也不常吃晚餐，幾乎可謂為「一日一餐」。除了有時晚上會小吃一點之外，基本上比較重視中餐，並且留意營養的均衡，更在餐席間找來各種各樣的人，於用餐同時進行知性的對談。

夜裡的康德繼續學習，十點熄燈，接著隔天同樣於五點起床；據說康德一生重複著如此生活型態。

知性生產的要素為「某種程度的知性累積與熟成」

康德年輕時期的著作不多，到五十多歲左右才開始陸續推出作品，並在六十歲，乃至七十歲之前，寫下不少具影響力的重要作品。

這是非常特殊的例子。一般的情況是，年輕時傾力寫作，隨著年齡增長而越來越減產。康德反而是即將步入老年，才開始出現重要的作品。

造就此等特殊情況的理由，來自康德「維持規則性的生活，並持續進行知性累積」的生活型態。

「知性累積」對文科類的學問特別重要。「知性累積」到達某個程度後，便如同乳酪一般，需要「熟成」的步驟；只是任著知識左手進右手出，無法產出多了不起的成果。

學習過的事物慢慢沉澱，進而熟成之後，就有機會轉化為「智慧」。

勤勉學習所得到的事物當中，自然包含了無用的部分、假冒的知識與值得篩選保存下來的沙金。花費時間與精神持續學習，沙金的部分將沉澱並存留下來。集結多數的沙金，使其化成金塊，或是如金飾般的雕塑品，這過程需要不小的努力，而康德辦到了。

欲養成習慣，需要「堅強的意志力」與「不間斷的克己之心」

現今應該沒有多少人能效法康德的生活方式，其中確實有幾點值得學習。

其中之一是，「倘若未成功地將知性生活養成習慣的話，就很難創造出知性產物」。

我有過五年以上在一般公司任職的經驗，對此十分瞭解。

在公司上班，會有很多突發狀況須處理，時間或生活的安排，時常不能一如己意。

在所謂的「俗世」當中，若只有「處理工作的加班」，那還好說，但實際上卻更常需要「應酬」，得強迫自己喝酒、唱歌，假日還會被找去俱樂部之類的場所，應酬場合實在不好應付。

如此情況下，要養成習慣創造出知性產物，是非常困難的一件事。這需要「堅強的意志力」，以及養成習慣前的「不間斷的克己之心」。

3．關鍵在於如何善用一天二十四個小時

主張「每天應擠出九十分鐘的時間進行知性活動」的亞諾德·伯奈

我相信很少有人能作到康德那個程度。正因如此，應將心念集中在「如何在一天當中，截取可用的時間」。

針對這一點的實踐，必須提及距今約一百年前的英國作家亞諾德·伯奈（Enoch Arnold Bennett 一八六七～一九三一）。

他說過「關鍵就在於如何善用一天的二十四個小時」，也就是說「那取決於你打

算如何度過一天」。

這個人的想法提供我許多參考之處，他最值得一提的主張則是「每天想辦法擠出九十分鐘」的勸言。

他曾說過：「每個人都得面臨許多狀況，雖然很辛苦，但每天仍須努力擠出九十分鐘的時間，進行知性活動。」

學生能夠一整天地學習，有工作在身的成人，情況自然有所不同，不過他認為「倘若能每天擠出九十分鐘，持續幾年後，將獲得了不起的成果。在一個領域上每天花費九十分鐘，經過幾年，舉例來說，累積個三年，便能成為該領域的專家」。

透過報紙等途徑收集「瑣碎資訊」是浪費時間

為了創造出這九十分鐘的時光，到頭來，仍然需要相當程度的努力與克己之心。

伯奈觀察倫敦市民，發現上班族一大早就得搭上客滿的電車。而且為了盡早下車到達辦公室，總是盡量搭乘前方的車廂，大家在車廂內緊貼著彼此。在這樣的情況下，大多只能閱讀報紙。

許多人都在這樣的情況下，一早便閱讀報紙。然而，所謂的報紙，不過是「屍塚」罷了。

報紙時常針對前一天所發生的事件，羅列著「不是那樣」、「也不是這樣」的推理，全都是到了當天傍晚，便再也不會有人關心的無謂內容，而人們卻拼了命似地在擁擠車廂裡讀著。

在電車或火車裡，將一小時甚至更多的時間花費在看報紙上，帶著混沌的腦袋到達辦公室，渾渾噩噩地著手工作，很多人反覆著此等流程。

一百年前的伯奈對如此無謂的看報行為提出警示。時至今日，應當留意的資訊來源變得更多了。繼報紙之後，廣播開始流行，接著電視問世，現在更能隨時透過手機與網路獲得各種「瑣碎資訊」。

其中當然也會有值得參考的資訊，但仔細審視下來，大多僅為時間的浪費。關於這個部分，人必須抱持努力篩選的勇氣，接著深入檢討「該如何每天擠出九十分鐘左右的時間？」

伯奈曾說過「如果在平日，因為無法推辭的應酬而擠不出九十分鐘，就應在假日時狠下心來排出時程，將不足的份量補上」。

我也當過上班族，非常能體會這種狀況。

商社的職員大部分都擁有高學歷，剛進公司時，會講一點英語的人也不在少數，但在任職之後，應酬的時間越來越長，知性等級多有下降的傾向。

長久下來，若沒有足夠的毅力或是夠堅強的意志力，便無法持續閱讀有深度的書籍。即便是自東京大學畢業，長期旅居海外，足以被稱為「菁英」的人，除了週刊雜誌之外，大多數一個月平均只能讀個兩本左右的推理小說。客觀來說，這些人距離「知性」會越來越遠。

這也是理所當然，因為太忙了，腦袋早已麻痺，無法接收「有份量的內容」，只能勉強閱讀輕鬆的、易懂的內容。我不禁覺得，能刺激這些人知性的，恐怕也只剩看報紙了。

報紙該怎麼讀？

實際上，報紙也是不可小看的讀物，全部讀完，得花上不少時間，一般認為「一份報紙大約是兩本新書份量的資訊」。

然而，必須要認識到，報紙裡面的資訊，並非全為自己所必須的。一早便吸收高達兩本新書份量的資訊，頭腦會非常疲勞；用同樣的力道看完整份報紙，勢必將消耗掉不少當天工作所需的精力。

為了不造成此般結果，應留心於「從整份報紙當中，挑出包含自己所需資訊的部分，並用心閱讀；其他的部分只要掌握大概即可」。

另外像是週刊雜誌等，自然也有提供資訊的功能，部分與時事相關的內容，也只能在週刊雜誌上讀到。針對這些資訊來源，仍應只閱讀重要的部分，盡量別在其他內容上花費太多時間。

「一大早看報會造成疲乏」的警示，始於一百年前之久，我也很明白這個道理，然而我至今仍舊會看報。

伯奈本人也承認自己一天會看上好幾份報紙，不過他似乎會避開使用早晨的時間，或許是改利用下午時段吧！

新聞通常以負面內容為多，「看了會使大腦疲乏」的狀況恐怕是事實。

4·「經濟上的自由」催生「知性獨立」

現代人們逐漸遺忘真實的「知性喜悅」

現今網路極為普及，想必有許多人習於利用網路取得資訊，查找也變得很簡單，肯定能得到許多情報。如今一般人也能發佈資訊，不論是撰寫的人，亦或是閱讀的人數應該都增加了不少。

從這方面來看，或許可以說「知識社會的平民化」，乃至「知識面的民主主義化」正大幅進步。

我認為這是一件好事，不過另一方面也感覺到人們對於專業事物的學習，有越來越輕忽的傾向。

我想原因出自於「知識資訊選擇」的方式。

常常可以聽到「紙本書籍很快就會絕跡」的威脅，也有很多人認為「總有一天，大家都不讀紙本書，而是閱讀寫在『電子』上的文字。」

這也是知識面的民主主義化的一部分。倘若將其視為能讓更多人輕鬆地閱讀，並取得各種知識，確實是件好事。

但是反過來說，不懂「真實的知性喜悅與充實感」的人亦日漸增加。

有些「滋味」，過去的人能夠享受到，而如今的我們卻無法體會。

以書本來說，我總會盡量收集裝訂扎實的書籍，手持著這樣的書籍，閱讀時會有豐盈感受，並且到晚年還能夠重新閱讀，所以我盡量購買裝訂較為紮實的書本；若是裝訂粗糙的書籍，則經不住多次翻閱即會損壞。

然而，即便這麼做，仍遠不及以往的層級。

古早的書籍，每一頁都是封起來的。以前的人想讀書時，必須用裁紙刀之類的工具，將接合處切開才能讀到內文。我認為這個過程非常有意思，現今絕對體驗不到那拆封瞬間的喜悅與悸動。

「一頁接著一頁地切開、閱讀」，定是非常愉快的過程。尤其是包含高質量內容的書本，想到自己是全人類第一個切開這個封頁並閱讀的人，勢必將感受到更高層級的喜悅。此種程度的愉悅，時至今日，即便是我，也無從體會，著實遺憾。

現在有封頁的書籍，僅剩部分週刊雜誌，並且似乎只有猥褻內容才會封頁，不把接合處割開便看不到。然而在過去，文章涵意深遠的書本，一頁一頁地裁開，慢慢閱讀，那應該是很高層級的愉悅享受。

或許那是過去擁有大宅邸、書齋的貴族才能享受的樂趣，當時的知識份子想必也為數不多。而此等享受，如今已無法再現。

私有財產是「知性生產者」很重要的「武器」

藉由知識性的事物，民主主義化逐步發展，萬事均變得方便。現今，有很多人位於一定水準之上，這是好的現象。很遺憾的是，想要於現今成為知性生產者，必須具備某種程度的可自由支配之個人財產，這就是我想在本段落闡述的重點。

過往曾出現許多與此想法背道而馳的主張。

在印度，有主張用耳朵做學問的哲學；也就是聽取「口傳」的內容，再將其背誦傳承下去。例如《奧義書》等多門古代哲學均為口述傳承，都是靠著講道與默記的方式傳遞。

以往雖有此等學問，然而來到現今，要從「知性生活者」前進到「知性生產者」的境界，難免還是需要「個人能自由動用的資產」才能辦到。從這層意義來看，私有財產著實是「知性生產者」很重要的「武器」。於是，為了確實維持生活中知性的部分，對於不認同個人資產的社會主義或共產主義等等思想，就應該多加戒備了。

在那般思想的控制之下，上位者最終勢必僅能得出「人民什麼都不需要知道，讓共產黨的幹部下達方針，人們只要讀懂這些就夠了」的結論。

甚或淪落至某個時期的中國那樣，「所有國民有紅色封面的《毛語錄》可讀就行了」。

如果覺得這樣的生活也無所謂，那麼不論所處的思想環境是否認同個人資產的存在，可能也不是那麼重要了。

然而，「自由地不受牽制地學習，不會受到任何壓迫」的狀況，需要「經濟上的自由」做為基礎才能成立。為了保護「知的自由」，擁有某種程度的「可自由支配之個人財產」是很重要的。若連這點都被剝奪，就難以擁有知的自由了。

過去的歐美貴族，都住在規模頗大的城堡中。電影裡也常出現，例如英國等地的貴族，擁有腹地遼闊的宅邸，每代的財產皆傳承下來，因此才能維持住知性階級。

反觀日本，稅法的規定造成一代所賺得的財富，通常持續三代就會歸零。經過三代，財產便會消失殆盡。

當上皇后的正田美智子小姐的娘家，就是典型例子。東京池田山一帶，由於是「正田家的所在之處」，居民普遍自詡其為高級住宅區。但在皇后陛下的父親過世後，為了支付高額的繼承稅，皇后陛下的兄弟不得不將自家宅邸充公。

沒有記錯的話，皇后陛下的哥哥任職於日本銀行，弟弟待過以前的日本興業銀行，當時則為日清製粉的社長。照理來說，正田家應有不少的資本，卻還是因為「付不出繼承稅」而得交出老家房子充公。

皇后陛下的娘家在充公後被拆除，如今該處已成了一座小小的公園，小到不足以供孩童們遊玩，說不定只是一個徒然耗費維護費用的地方。

就這層意義上來看，這種壓迫個人經濟自由，進而連帶剝奪了知性自由的作法，基本上我不太贊同，我認為那是一種強迫人類要隸屬於國家的做法。

若是在以前的時代，「清貧思想」或許還適用，但是來到現代就不是這麼一回事，理應追求某種程度的知性獨立，必須要有真正的知識份子存在才行。

5·創造「知性時間」的應注意事項

盡力推掉「無謂的應酬」

公司員工很難有知性生產，其原因在於公司形成了某種「聚落」，且員工不容易脫離如此群體生活。一旦採取異於其他人的行動，便會引來「難相處」之類的批判，使得人們無法逃離道義的束縛。

然而，若想要進行伴隨知性生產的活動，勢必得割捨道義。

我在年輕時便已察覺到這個事實。不論怎麼做也沒辦法避免的事，當然另當別論；但是除此之外的非必要情況，若不能狠下心來割捨道義，便無法擠出時間。

其實我本身亦屬社交型的性格，但我仍極盡所能地「捨棄道義」，盡量不從事無謂的活動。這麼一來，或許看起來我會有點難相處吧！

但是為了達成先前所提及的伯奈所言「每天擠出九十分鐘」的主張，若從上班族的立場來看，沒有足夠的努力是辦不到的。

在社交與應酬方面，有些是「無論如何也無法拒絕的應酬」，也有些是「沒什麼重要的場合」，那種類似「閒著也是閒著，只是見面而已」的活動，務必得盡量割捨。盡力切割無謂的應酬是至關重要的努力。

一旦喝了酒，其後便無法進行「知性活動」

我並非完全不會喝酒，但基本上不怎麼喝。

我會這麼做，是因為「一旦喝了酒，其後便無法進行知性活動」。如果活動結束之後，直接就寢也無所謂的話，喝點酒也沒有什麼關係。任職於工廠的勞動者，為排解一整天苦工的憂愁而飲酒入睡，我也沒有異議。但是如果今天的計劃是「結束工作後，想回家讀點書或寫點東西」，跑去喝酒之後便會很難達成計劃了。喝了酒會使集中力下降，無法好好讀書，更別提想在稿紙上寫些東西了。

基於如此原因，我便漸漸遠離酒精飲料。

讓知性時間在日常生活當中「習慣化」

想要擠出知性的時間，其實是極為困難的一件事。

在現代，有能耐像康德那樣，過著有些超脫常人之生活的人，基本上還算自由；大學教授的生活型態也算是比較接近自由業，這類人即便採取與一般人不一樣的生活節奏，應該也不會面臨反對意見。

人們理應利用這類的情況，養成某個程度的習慣。

為此，有必要努力將「擠出學習的時間、創造出能產出成果的時間」之習慣，融入每天的日常生活之中；這是最基本的心態。

沒辦法養成如此習慣的人，很遺憾地，便無法成為知性生產者。

有些作家會趁著自己年輕，勉強身體熬夜寫稿，拼了命地想趕上截稿時間。這類大抵上都是自我毀滅型的人，無法長期維持此等作法。過度使用腦力與體力，肯定會在某處出現狀況。

發揮極度的專注力，或是感受到極端壓力時，若未適時地「轉換心情」，容易會出現反作用力，進而讓人格逐漸崩潰。

總是被截稿日追著跑，常時處於「緊繃狀態」的人，很遺憾地，某個角度來說，實在稱不上知性。於「緊繃狀態」之下，同時撰寫好幾份連載文章，肯定很煎熬，很難到達知性的境界。

我的「知性生活」與「選擇商社就職」的理由

「擁有經濟基礎」對於維繫某種程度的知性獨立很有幫助。

若是有了經濟基礎，那種類似共產主義或社會主義的拘束會逐漸減輕，與此同時，也不必被迫閱讀或是撰寫自己討厭的東西。

簡單來說，擁有經濟基礎，便能讓自己專心致力於自己關心的事物上。

很少有人會談到財產方面的問題，但我認為這是很重要的想法，有著一定的收入是好事。

至於我選擇進入商社的理由，過往也談過很多次，說明如下。

當年採行「週休二日制度」的企業不多，大部分的公司均規定一週工作六天。然而，在那個時代，商社均已普遍採行「週休二日制」，薪水也比較優渥。再加上我被分配到管理部門中，是常與銀行往來的財務單位，而銀行的上班時段只到下午三點，其後彼此便不會進行聯絡，銀行的員工也很少勉強人應酬。

簡單來說，我著眼於「能夠保障學習時間與收入」的理由，才進入這間公司。回顧那幾年，我認為在某個程度上，成功地實現了那個目標。

任職於商社附帶提升了語言能力

於此期間，我也獲得「提升語言能力」的好處，或許可稱之為在商社上班的「附加好處」吧！「為應付工作需要，必須學習英文，因而提高了語言能力」，是任職商社才會有的好處。並且不僅可以回家後自行利用時間學習，「工作中亦能學習英文」亦是商社的特徵之一。

根據部門不同，有可能一整天都在使用英文，過目的文件全由英文撰寫而成，對話也都得用英文。

閱讀英文書籍本來並不是容易的事，但是在公司，常因工作所需而閱讀英文文件，而且，通常份量可觀；當時我一天過目的字數，多到數不清，或可換算成幾本書了。

此外，工作上亦得用英文寫信，甚至必須用打字機，以制式的英文繕打契約內容，因此透過處理工作事項的過程，當時我的確增強了不少的英文能力。

不過，光是這樣並不夠，仍得進一步另行精進。也可以說，那是一個不持續進步，就會不斷吃敗仗的世界。

雖然有點意外，但在當時，英文的必要性超越我自己的想像，我的語言能力是在那時被鍛鍊出來的。

我出生並成長於鄉下，雙親都不會講英文，那是一個完全不可能用上英文的環境。加上我的家庭亦不是個會接觸英文等外國語言的知性環境，所以在英文能力這方面，大部分都是藉由職場養成的。

多虧那段工作經歷，現在已能使用通順的英文完成工作，亦能生產出英文經典或教科書等等的知性產出物，乃至可以用英文演講。這些都是未預期的副產物，我也覺得非常感恩。

正如前述的自身例子，倘若工作能多少與知性生活有些關聯的話，亦能得到更多的附加價值。不過一般來說，無法產生關聯的職業還是佔多數，而且文件處理的工作，剛開始當作訓練頭腦還算頗具效用，但長期下來，知性程度將不斷降低。

即便如此，「比起當個家庭主婦，大腦仍受到不少鍛鍊」，我想肯定有不少人如此認為。

6・創造知性生產的工作技巧

創造專屬於自己的專業領域，不斷深入

接著我想論述，創造知性生產的工作方法。

人一向難以進行自己毫無興趣或不關心的事物，因此「抱持興趣或關心」是很重要的。此外，若未擁有一個專業領域，精神上也不容易獲得穩定感。

因此，有必要針對某一特定項目，深入精進，使自己到達某個程度的專家境界。非得逼迫自己鑽研到這個層級，否則即便知曉許多領域的各種知識，也只不過是「雜學的專家」而非「知性的專家」。

在媒體上，最近出現了不少的雜學資訊處理的專家，但在我看來，那些人並不算真正的知性。

從哪個角度切入都無所謂，如果沒有擁有專業的領域，人很難產生深厚的自信。

「關於這個部分，我有自信自己也算是某種程度的專家」，擁有一個能如此宣言、深入鑽研的領域是很重要的。

擁有專業領域之後，接著也得更進一步地，於其他的領域當中，挑出自己有興趣與願意關心的內容，一步一步地擴展知識範疇。

宛如培育花草一般，每天一點一滴地成長。細心施予肥料、定時澆水、讓植物沐浴於陽光之下；人也跟植物一樣，得每天累積成長。

「現在就把花摘下來、裝飾在花瓶裡」，或是「現在馬上收割食用」，這種想要快速收成、享用成果的想法是行不通的。將自己有興趣、願意關心的事物，像種植花草般一寸寸地培育起來，即便稱不上完全的專家，但姑且還可以當半個專家，盡量讓自己接近如此境界的努力至關重要。

能不能辦到這一點，與接下來要說明的「發想法」有關。

僅具備「一種專業」的人，創意有其極限

僅具備「一種專業」的人，常會受限於某個觀點，難以產生讓他人驚豔的創意。這同時也是腦筋好的人，無法將工作做好的原因之一。

舉例來說，以文科系別來說，法律系裡有許多優秀的人材，大家對法律都很有研究。然而，越是優秀的人，越不容易做好一般的工作。無法切換立足點，只能從法律的觀點看待所有事物。

例如讓優秀的法官或表現優異的律師、檢察官，轉而進入一般公司，大家都知道他們腦筋很好，但是在公司裡卻派不上用場。因為這些人無法切換自己的想法，在原本的專業領域之外，完全無從發揮實力。或許還能應付公司法律部門的審查工作，但其餘的工作卻做不好。

這便是一種危險性，對事物的看法會被限制住。

身為律師，又能撰寫許多著作的人，想必非常稀有。換成檢察官或法官也是一

樣，因為視野都已經被框住了。

另外像是醫生也有類似的情況。

從以前到現在都不乏「醫師作家」，不過這些人大抵為「不務正業」的醫生（笑）。

醫師基本上有不錯的固定收入，又是能做一輩子、不會被裁員的職業。也就是說，他們有足夠條件創造出足以維持「知性獨立」的財產。不論哪個時代，都會有人將此優勢視為安定的槓桿，進而產生「空閒時就當當作家」的想法。

不過，若是在醫師本業上極度優秀的人，其實就沒什麼題材好寫。即便能寫出專業的論文，但在其他地方也是不管用。

現今社會，優秀的人才有專門化的傾向。同樣是醫生，也不會是全方位的醫生，大部分都是只專精於某個部分。

話說回來，那也能夠幫助到他人，並且還能滿足自己「維持生計、進一步於世界上立足」的願望，也是一件好事。

持續精進非本業的事物，便能逐漸「準專業化」

不過，倘若想要公開發表自己的想法，提供給許多人閱讀，甚至為大眾帶來知性的啟發，僅在專業範疇上努力，仍有不足之處。

舉例來說，身為一個法律專家，同時喜歡閱讀小說等文學作品，並且希望成為超過一定程度的文學通；或是喜歡看電影，像評論家一樣涉獵眾多電影作品，這些都是有可能的。

或是「雖然身為法律專家，同時也關心經濟發展，持續鑽研有關經濟的知識」、「在法律系專攻法律，同時關心政治，畢業後仍持續學習政治相關知識」等等，這些都算是自己本業之外的活動。

持續進行這類活動，累積到一定的量時，便能逐漸「準專業化」，接著便能獲得以「別種觀點」看待各種事物的能力。

法律專家只能透過法律的觀點發表意見，除此之外無法提出別種看法。這樣的人，有了看小說的嗜好，開始多方閱讀許多小說，便有機會形成對一般世事的另一番見解；像是「針對這件事，以法律專家的立場來看應該是這樣，但是以整個社會來說，可能有各式各樣的反應」的理解過程。

這樣的人，跨越了法律專家的框架，能夠善用法律的知識，同時具備成為作家的可能性。

像上述例子裡，愛讀小說的法律專家已屬少數。但若於此更進一步，增加對經濟領域的瞭解，甚至成為能撰寫經濟評論著作的法律專家，同樣能再為自己開拓新的視野。

更有甚者，接著精進至「能夠談論政治」，能掌握的領域亦將逐漸擴張。

試想一下，經營律師事業，又像方才所提，努力學習經濟或政治方面的知識，會有怎樣的結果。擔任律師，後來成為政治家的例子並不在少數。這類人士大抵對其他領域抱持某種程度的關心且持續付出努力。沒有經歷這樣的活動，勢必很難成功轉任其他專職。

無可避免地，這類的人在律師領域裡的等級提升有其限度，很有可能只能停留在某個程度，轉而在別的領域獲得優異成果。

有在寫書的政治家極為稀罕，恐怕最多是在當上總統之前，請人捉刀撰寫一、兩本書籍。

然而，所謂的政治，從「思量並創造新的事物」這點來看，實則為非常具有創造性的工作。

擬定國政走向或構築政策也是一種創作，這種看法也是成立的。因此務必理解以下事實：「為了達成那般創作，無可避免地需要具備多種觀點，宛如複眼一般」；這點至關重要。

7．藉由通曉外國語言而獲取「新觀點」

外文媒體能提供「無法以日語取得的資訊」

在本章前半段也談到英文的部分，尤其在現代，語言能力有著非常大的影響力。日本有一億二千多萬的國民使用日語，然而在日本以外的國家，懂日語的人真的非常少。日語在海外地區，只通用於日文科系畢業的人，或是曾住過日本的人，日語成為聯合國官方語言的可能性也幾乎為零。

基於這樣的前提，最好還是把「通曉其他外語」列為學習目標。

想要搞懂一門外國語言，非常耗費時間，但是學到一定程度之後，就能獲得新的觀點。並且，在吸收資訊方面，也多了一個取得母語無法接收之資訊的途徑，在知性面大有助益。

我在早上都會看CNN新聞。CNN電視台前往採訪的地點，多是日本報紙或電視台沒有特派員的區域。子彈滿天飛、四處冒著火燄、坦克車來來去去的景象，時常出現在CNN的新聞畫面上。

日本的記者們大多捨不得自己的性命，很少會到那種地方。通常是集合其他家所寫的東西，報導出馬後砲的新聞。

從「知曉只讀日本出品的東西便無法得知之事件」這點來看，能夠看懂CNN是非常有利的，懂得母語以外的語言，就是有這種好處。

「伊拉克戰爭」發生於二〇〇三年，在這之前，更有從一九九〇年打到一九九一年的「波斯灣戰爭」。在那段期間裡，據說伊拉克總統海珊很認真地收看CNN頻道。

「不看CNN便無從得知哪裡受到砲轟，自己國家的軍情沒辦法掌握受到攻擊的精確地點」，這正是海珊看CNN新聞的理由，當時流傳著這麼一個說法。

除了自己國家的母語外，通曉一種世界共通的語言，或是至少到達能使用該語言的程度，對於不論是想傳遞資訊亦或取得資訊的人，確實都能提供極大的助力。

這也得讓語文能力到達一定的程度，否則便無法派上用場。培養到一定程度，能夠自由使用後，一定能獲得許多好處。

閱讀外文報紙、觀賞外文電視節目，能有不少收獲，若是還能夠閱讀外文書籍，肯定更加有益。

學習語言不能焦急，務必抱持「播種於田裡的心境」

要注意的是，外文的學習欲速則不達。

不可否認地，確實有一部分人資質特別好，能夠於非常短的時間內通曉一門外語。然而，能夠快速吸收的人，有時候會出現基礎不夠紮實的情況。「雖然很快就能進行對話，卻無法再進步」，像這樣的人也不在少數。所以即便是「自己學外語學得很慢」的人，也不必為此感嘆。

這就像務農一樣，務必要抱持著「心急便無法結出果實」的想法。

二〇一一年，我前往亞洲七個國家（印度、尼泊爾、菲律賓、香港、新加坡、馬來西亞、斯里蘭卡），以英語演講。

關於英文的學習，我沒有一天怠惰。單看二〇一一年，除了英文之外，其實我還學了好幾種語言。

七個國家當中，第一站是印度。我在那之前便學習了北印度語。除了德里之外，我還造訪了孟買，這兩個城市的通用語言是坦米爾語，因此我學習了一點坦米爾語。

在新加坡以英語說法，當時亦預定問答時間要用英語進行，然而新加坡人講的是「新加坡式的英語」，新加坡人講英語時會挾帶中文腔調，也就是說，我很有可能聽不懂發問者講的英文。

為了聽懂新加坡式英文，就得瞭解中國的語言，特別是南方口音的中文才行。

對此，我在二〇〇八年前往台灣演講之前，就曾學習過。

之所以想對南方口音的中文稍作接觸，是為了瞭解發音的方法，並訓練辨別口音的能力，以便讓自己能夠推測出「挾帶此等腔調的英語會有怎樣的變化」。

雖然實際上並未到達通曉的地步，但至少對於「廣東話等中國南邊的語言，通常是怎麼發音的」有了概念。當這類腔調混入英文裡時，便能推理出「去掉這個口音的話，原本的英文是怎樣的意思」。即便對方稍微有些口音，也還是能聽得懂內容。

這些都是我過去的學習經驗，甚至我還學過泰文，只是後來因為當地發生洪災，取消了預定前往泰國的計劃。

另外在前往馬來西亞之前，我也學了馬來西亞語。要到最後一站的斯里蘭卡之前，也事先多少學習過當地七成的人慣用的僧伽羅語。

在學習這幾種語言的時候，分別讀了好幾本書。

不過我都在尚未到達通曉階段便自行放棄了，因為我很清楚語言沒有那麼容易學好。

要將一種語言學到精通，並非輕而易舉，勢必得花上好幾年。剛開始時，就像是先簡單播個種，將田裡的土壤翻鬆、播下種子，我所學的大概只有這點程度，但是今後仍將利用機會，一點一滴地耕耘這幾種語言的田地。

我想，真正適合自己的東西，總有一天自會開花結果。

不過英文是主軸，所以英文方面我盡力不偷懶。

日語及英語展現出之「民族文化」相異處

「懂得外文」大致上也能「明白該民族的文化」，我認為這是很大的助益。通曉一種語言、明白對方民族的文化，接著便能進一步體會那些人的故事，以及與自身文化相異的觀念；我認為這點非常重要。

像是我的演講，也有人說過「比起用日語演講，英文的演講更好懂」（笑）。也有人表示「使用英文時，內容顯得條理分明，結論也很簡要且突出，聽得比較明白」。

日語的演講，會出現許多拐彎抹角的講法，遣詞亦較為曖昧不清，以避免衍生出被斷章取義的情況。

簡單來說，那就像是報紙常將政治家的話「翻譯」後再寫出來，不讓人家一看就全部明白的那類說詞。

使用日語時，倘若不講得和緩一點，很容易顯得激進。日語實在稱不上簡潔明快的一種語言。

將我說法的日文稿子翻譯成英文，肯定無法變得明快。面對英文使用者的說話內容，與以日本人為對象的說話內容，兩者的構造並不相同。因此我認為，單純將日語原稿翻譯成英文，無法那麼輕易地轉化成直接又到位的內容。

總而言之，「學習外國人的思考模式與文化」能夠帶來非常好的觀點。在人類向外星人學習「外星語」之前，應該優先理解這個事實吧（笑）！

8・「學習歷史」以成為具修養之人

成為社會人後，便會逐漸遺忘在學時習得之「歷史」

為了成為具修養的人，重要的除了語言能力之外，希望也能盡量學習歷史。

學生時代，大家都曾為準備考試而唸歷史。但是大抵在進入大學一年後便會遺忘殆盡。其後出了社會，也很少人會再回頭學歷史。

即便偶爾閱讀歷史小說，也得花上不少時間才能讀完。恐怕有大部分的人僅滿足於「趁著暑假之類的時間，讀完一本具份量的作品」之成就。

然而，歷史實為我們應該持續關心的內容。

為了工作而忙得焦頭爛額，便很難有餘力閱讀歷史相關的書籍，但維持關心的努力仍不可或缺。

類似歷史等領域，倘若不盡力撥出時間回顧，很容易逐漸忘卻。如同數學與英文的熟悉度會不斷流失一樣，歷史的知識也很容易從腦中淡去。

以我自己的經驗來說，超過三十歲時，考試時代用功得來的知識幾乎都忘了。

二十幾歲時，特別是二十多歲的後半期間，對於大學入學考的題目，多少還有著「說什麼傻話！就算過了幾年，只要回頭複習過，還是能回答得出來」的自信。

然而，一旦來到三十歲，這份自信便急速遠去，感覺已無法重新來過，或是有著

「重頭讀也讀不懂」的感受。人來到三十歲，就是會面臨此等心境。

取而代之的是，累積了不少其他的知識。成為社會人士之後，就會獲得了不少經驗、取得許多新的資訊，於是對於以前所學印象越來越薄弱。

因此，請各位抱持「以前學過的東西會逐漸流失」的心理準備，並且這個速度會遠比預料的還要快。經歷越是累積，舊知識消失的速度亦將隨之加快。對於「將來會需要」的事物，有必要不時努力重拾起來。

人在海外，卻不知道「母國歷史」會很痛苦

當去到別的國家，若是不會講英文或其他當地語言，自然會面臨不少困境。但除此之外，若是無法向他人談論自己的國家，會感到非常痛苦。

對此，曾經被派到海外工作的人想必很能體會，僅寄宿或旅行國外應該也有機會感受到，和外國人進行知性對話也會有所體會。若是對於自己的國家，找不到話題可談，確實會很難受，如果明白了這一點，就應該會關心自己國家的現況，重新學習。

如果是日本人，對於「現今的日本」當然必須得言之有物，但對於「日本的歷史」，常常會變得記憶模糊。

即便像我為了應考，曾經讀過「日本史」與「世界史」，但到了三十歲，開始學習其他事物之後，記憶也無可避免地越來越薄弱。「奈良、白鳳、平安、鎌倉、室町、戰國……這是正確的年代順序嗎？」類似這樣的狀況層出不窮，記憶變得越來越模糊，慢慢地拿不出確定的解答。因此必須不時關心這些學問。一旦發現「記憶變模糊了」，就要把握一些空檔閱讀，新出版的書或是簡單的入門書都行，甚至偶爾讀本歷史小說等等，這些都需要付出努力。

作家司馬遼太郎一生著有許多經典作品，內容亦屬深奧，此等份量的內容被眾人閱讀，這確實有讓人難以置信的一面。

例如《坂上之雲》的份量頗為驚人，即便「賣了近兩千萬本」的事實擺在眼前，再試想全日本的人口數字，也難免心生「真的假的啊？」之疑問。說不定，其中有人不過是「僅止於購買」，沒有真正地閱讀。

舉例子來說，接觸某一位作家的作品，若對這個作家的風格有興趣，持續閱讀該名作家的作品，假如大多為歷史走向，讀多了，也慢慢能建立起對歷史的整體概念；我想這是極有可能產生的情況。倘若對某位作家的文筆或想法感到認同，只要持續閱讀，幾乎能全數讀懂，對此請努力嘗試。

另外，關於「世界的歷史」，記憶同樣會逐漸流失。同樣需要針對自己關心的國家，不時努力接觸並學習。

9．如何度過伴隨「知性生產」的「知性生活」

藉由「結合性質相異之事物」的革新

針對「與自身工作相關之專業領域」及「與其相關聯的幾個領域」，務必要持續耕耘、努力不懈怠。

務必深入挖掘名為「語言」的泉水，致力於獲得「新觀點」及「新資訊來源」。對於「海外的文學或歷史」等各種事物抱持關心。努力讓自己有能力談論母國。

藉由這些努力，便能創造出所謂「具修養之人」。從「知性生產」的角度來看，由於現今也很少人能辦到這些，若能進行一些大部分人未進行的活動，便有機會大幅改變自己的觀點。

管理學家彼得．杜拉克說過：「革新即為體系的廢除，也就是全面捨棄舊方法」。若從理科的角度來解釋，革新也可以是「結合性質相異之事物」。就像氫與氧能結合成水一樣，結合性質相異之事物，便能創造新產物。

持有「性質相異之事物」，努力使其不停留於雜學階段，知性生產便可開展延伸。

尤其是理科的人，遇上具備理科知識之文科人時，常會感到訝異。明明不是什麼了不起的知識，理科人稍微用功過就知曉的內容，不過是把知識持有對象換成文科的人，理科人便會因此感到驚訝甚而感動；在我過去的觀察，情況真的是這樣。

「大霹靂」之類的道理，想必是眾所皆知，但要是聽到文科的人用了「宇宙膨脹」這個詞，或是提到「平行世界」之類的內容，理科的人立刻就會顯得感動不已。

即便吐露出這些詞句的人，並非有多深遠的瞭解，理科的人光是想著「哎呀，唸的不是理科竟然會知道這些事」，便會感到極為感動。

實際上，這種程度的知識，平時便能透過書籍取得，就連報紙角落的科學專欄亦會不時出現這類內容。若因某種契機而產生興趣，找來這類書籍閱讀過後便能知曉。

另外，目前有出版日語版的「News Week」雜誌，其中亦常刊載與該領域相關的文章。讀者們很容易就能在書裡接觸到非自己本科學問的知識。

重要的是收集資訊並將其「結晶化」

整體來說，本章節以「學習的方法」為中心主旨。其中想要特別強調的是，涉獵各種領域之學問的同時，亦得常時抱持一個中心概念，並且要使其能具體化。

簡要地來說，將收集資訊化為習慣，人人都能辦得到，但若想要將其「結晶化」，就不是那麼容易了。

談到戀愛的時候，很常聽到人引用「薩爾斯堡的鹽坑」的故事。這是作家司湯達爾（Stendhal）寫在《論愛情》裡的內容，我以前也曾閱讀過。

「戀愛宛如薩爾斯堡（位於奧地利的城市）的「花」。將樹枝置入鹽坑裡，鹽份於枝幹上結晶，化成一朵花蕾的樣貌。未能產出結晶的戀愛，並非真實的戀愛。」

如此神妙的比喻，令我讀後留下印象。

知性生產上亦同，而且不僅限於「鹽份」，該怎麼使這些化為結晶並產出成果，事前的付出非常重要。

為達到這個目標，勢必需要某些動機。

譬如，「善用自己具備的知識，為社會提供助益」、「啟發世人」、「為更多人指路」、「多方指導那些與過往的自己面臨同樣困境的人們」等等，這些比較高遠的思維。

只要持續懷抱此等志向，想必即能度過伴隨「知性生產」的「知性生活」。

知性生產亦需要「適當的運動」

順著這個主題，想要補充一點。

本章開頭曾提過「康德維持每天散步的習慣」一事。

閱讀一段時間之後，身體會緊繃、肩膀僵硬，腦袋會混沌，血液循環變得不好。血液循環不好，閱讀的效率即會大幅下降。

因此，為了讓血液循環良好，必須要規則性、重複性的適量運動。如果是自己以前曾經做過的運動是最好的，沒有的話，最基本的應該就是散步了吧！適度地活動身體，知性能力將有著實的進步。

感覺讀不下書時，大抵是血液不暢通。考生也一樣，讀書效率無法提升，大抵源自運動量不足。我自己也曾經歷過，一旦血路通暢，突然就能以快上十倍左右的速度閱讀書籍，切實感受到「疲勞其實非常容易累積」的道理。

如先前所提到的，請透過各種努力，致力於知性生產。

我在這個章節大致論述了幾個重要的大綱。

我相信今後亦將出現更多產出知性成果的人。雖然本章節內所描述的事項，對中高年的人來說，可能多屬理所當然之事，但對年輕一代的人來說，也可能有一些初次聽聞的內容，因此我相信有必要藉此一一說明。

第三章

第三章　破牆之力

——打破「負面思想」的「心念力量」

1・遍及整個國家的「負面思想」

許多人都有著「走進死胡同」的習慣

本章以「破牆之力」為題，不過這對多數人來說似乎是個「問題」，人們大多有著「走進死胡同」的習慣。

我自己很少有這種情形，但大多數人的身前都有一道如屏風一般的牆，即便心裡知道那是一堵牆，雖然掙扎想要通過，卻總是無法將其打破。

諸位當中，或許有人希望我傳授如治療百病的「破牆之力」，所以在本章我將盡力闡述。

「否定的思考模式」衍生「維持現狀的心態」

首先我想要說的是，這恐怕是日本人共通的特質，就是整體來說「負面思想」似乎非常地強。換句話說，日本人經常被「否定的思考模式」影響。

而如此否定的思考模式，時常衍生出「維持現狀的心態」。「對於嶄新或是未知的事物、尚無前例的事態，總之先行否定，接著轉向以維持現狀為目標」，抱持如此想法的人，我想是壓倒性地佔多數。

若抱持著這樣的想法，任何一項新的嘗試，看起來都會像是一道「牆」。欲著手於新的嘗試時，每件事情都宛如一道牆矗立於眼前，接著只能困惑地想著「要如何才能跨越這道牆呢？」

然而，世上並沒有一本教科書，教導每個人在人生當中遇上那高牆時，該如何一次又一次地找出答案」。只能借鏡一般的論點或他人的例子，進而找出自己的解答。

只不過，「思考」絕非易事，很難不逐漸陷入否定的情緒，最後終將形成負面思想，又回到「因為過於艱難，所以辦不到，還是維持現狀最好」的結論。

在我看來，日本人全體正受到此等情況牽制。

透過溪泳習得之「目測能力」的重要性

那就像是於湍急河流當中，想要從下游往上游游去，亦或是橫渡河面時的感覺吧！

順帶一提，當想要橫向游過河川時，途中一定會被水流帶著走，最後只能被沖往下游。若想要抵達對岸，勢必得斜著往上游，才能順利抵達。

這是源於我自身的經驗，我在幼年時代，並非是過著現代化的生活。當年我時常在故鄉（日本德島縣）的吉野川游泳，河邊總是立著「危險」的公告，但若是小時侯沒有經歷過任何冒著生命危險的事情，恐怕長大就無法經營事業（笑）。

當年我為了在河裡游泳，自然養成了該以多少的力道渡河，並且目測能在哪個地方上岸的能力。同樣的道理，在各種抗力產生的情況下，自己在人生當中對抗這些阻礙，持續努力的話，最後會達成何種目標，具備這種透徹的目測能力是非常重要的；人生確實需要「最後我會在那裡上岸」的目測能力。

以其他正面的想法，取代「不可行的藉口」

現今的日本人，整體來說有著羅列出「不可行的藉口」之傾向，這需要養成習慣，常常留意自己有無這毛病。也就是說，務必要察覺到「是不是自己在找藉口」，並且以其他正面的想法來取代。

世上處處都是辦不到的事，大部分的情況，都是法律或條例將人給束縛住，限制人們「不能這樣，不能那樣」。舉例來說，像是校規或公司的規定，洋洋灑灑、白紙黑字寫著各種限制，卻很少提及「可以這麼作」的內容。

另外，像是公司的內規，即便制訂了「若為某種身份，便可做到如此程度」之類與權限有關的內容，也幾乎沒有一條會提到「新進職員可以做到哪種程度」的規則。

不過，還是有一些「超過這個限度即不可行」的規定，例如，可裁決的金額上限為幾億日幣，或是幾千萬日幣。

除此之外，還有著「未成年不可吸菸」或「不可飲酒」的法條，但反過來說，「可以做些什麼」的範圍，法律幾乎都沒有規定。

因此，必須想想「該如何於負面的規定之下，適度地解放自己」，否則萬事就無法順利推展。

雖這麼說，我自己也很常如此。例如，講述這一章「破牆之力」的法話時，我在前一晚收到弟子的請求：「法話將透過衛星轉播到全國，請講述能讓各個階層的人，都能突破眼前之牆的內容。」當時我想：「這也太困難了吧！愛爾康大靈信仰傳道局（幸福科學總合本部其中一個部門）是不是沒有確實執行自己的工作呀？」

於是我走向家人們，說著「啊！爸爸覺得眼睛好像腫起來了啊！明天說不定無法上台說法」，結果一看他們的反應，完全沒有人對我寄予同情（會場笑）。

接著我橫躺著讀書，途中說道「啊！左腳好像抽筋了！明天說不定會沒辦法站」，結果從幸福科學學園的宿舍返家的二女兒拿冰塊過來給我，說著「在跳啦啦隊的時候，都是用冰敷治好抽筋的」，隨後腳的狀況很快恢復，亦可正常站立。

即便我努力製造「不可行之藉口」，弟子們也毫不採信，最後只是白費工夫。我說了些類似「明天要是我休息，你願意代替我上台嗎？」等等「推諉」的話語，全被一一駁回。

正如方才所述，我也有著許多道牆，那是一道名為「期望有人代替我行事」的牆。

「嘲諷銀行」的連續劇引發流行的理由

不論如何，試圖製造「不可行之藉口」的傾向，總會隨著年齡越來越強。

只不過，有一半的理由是來自於經驗判斷。由於能夠提早察覺危險或失敗，為了避免面臨那樣的結果，進而會認為「那件事不能做，這件事也不能做」，這可以說起因於此人一部分的智慧。然而，不可忽略的是，當此等念頭逐漸增加，亦有可能形成各種阻礙的力量。

我想這點在學校或企業裡也是一樣，限制一堆，導致成員們綁手綁腳，更有甚者，彷彿形成一種「能夠正確詳記哪些事不可行」的人才是優秀員工的風氣，組織很難有長足的進步。

以銀行為例，行員們被逼著拼命記熟「融資不可放行的條件」，自然很容易陷入負面想法。思及「萬一不小心違反這些規定，就會在行內受到處罰」，大家也不願意輕易放行融資。

這樣看來，最近有很多齣「嘲諷銀行」的連續劇，其背景或許是來自於，有許多人與銀行有過不愉快來往經驗，因而產生共鳴吧！

不論怎麼向銀行訴說「我們公司事業會非常成功」、「我們公司事業將大有可為」，對方也不會輕易聽信。倘若有著亮麗的成績，銀行自然也會知道；只不過，需要融資的時機，通常是在那之前。為了闖出一番天地，才更加需要充足的資金，然而不管如何描繪遠景，銀行仍不採信。

當銀行基於需要客觀證據而提出「有多少財產？」、「有多少土地？」、「有加入壽險嗎？」之類的問題，客戶這方勢必越來越沒幹勁，慢慢轉念為「既然如此，還是維持現狀好了。繼續以租用廠房、機台等維持營運就好」。

正因如此，人們想要奮鬥或上進的意念，恐怕將產生逐步萎靡的傾向。

2・領導者所必備的「思考力」

借鏡大自然「突破抗力的生命勁道」

順其自然地度日，便將陸續遇上阻礙，重要的是持續思索「有沒有新的思考角度，能夠突破如此障礙？」

譬如，觀察大自然，即便地面全被水泥或柏油覆蓋，仍會有蒲公英或是雜草從縫隙中冒出頭來。此景想必使人不禁驚訝「好厲害呀！竟然能找到此等小隙縫生長」。

竹筍也是一樣，到了生長季節，竹筍總會從意想不到之處現出蹤影，一轉眼變得很高。人類一旦發現竹筍就會挖掘食用，這點它們也很清楚，於是努力想趕在被發現之前，以極快速度生長至無法食用的階段。

我所住的地方也有長竹子，不過竹筍適合食用的期間恐怕僅僅數日。一旦錯過這段期間，它們很快就會拉拔起身軀，化為不美味的硬度，之後也只能任其長大。說不定它們很明白，不長快一點，很容易沒命。

如上所述，大自然當中充滿許多突破抵抗、奮鬥生存的力量。當然，動物亦同樣具有如此力量。各種生物，都各自拿著特有的「武器」持續奮戰。

再看回竹筍，它的成長速度怎麼看都很不合理。竹筍從土裡冒出來，之後會長到五公尺，乃至十公尺那麼高。很難想像土壤裡竟具備那麼多足以提供其生長的元素。待它長到那般高度時，總覺得下方的土壤會承受不住而凹陷，實際上卻從未有如此狀況發生。加上竹子非常地硬，其組織不是全由單純的水份組成，「這些材料到底都是從哪兒來的呢？」」著實令人感到極為不可思議。

「思考力」即為人類最強大的「武器」

動物們各自擁有自己的「武器」，至少會具備一項特殊技能。

譬如，貓說起來性格偏膽小，但動作非常敏捷，從高牆上跌下來也不會摔死，除非剛好有汽車駛過，否則幾乎沒有生命危險。

換成人類的話恐怕會骨折，得立刻就醫。從這方面來看，貓確實擁有優於人類的能力。

接著看到兔子，牠們有挖掘洞穴的本能。我家裡也養了好幾隻兔子，只是牠們沒有地方可挖洞，於是每天奮力地「挖」地毯、「挖」沙發。牠們為了不喪失自己的才能，努力練習，試圖打破沒洞可挖的阻礙。雖然為了讓牠們達成「撫慰主」的使命，而不間斷地餵食，然而兔子們仍然兀自地拼命練習挖洞（笑）。或許牠們在想「萬一有一天被野放，得事先作好準備，留下生存之道」。

就像這樣，各個生物都會遇到生活上困境，然而同時亦被賦予自己特有的「武器」。

而人類，既然謂為「萬物的靈長」，自然有著許多種類的「武器」。至於這些「武器」當中最有用的會是什麼呢？與體能相關的能力多少有其極限，但「思考力」則擁有極大的伸展空間，應用範圍亦非常之廣。

也就是說，藉由「思考力」，人類彼此之間會出現差異；這一點我認為非常明顯。

不僅止於眼前的工作，領導者更應思考「今後的事」

於此談談某個真實的事例。

幸福科學於一九九六年至一九九八年間，將總本山設於日本栃木縣的時候，當時就開始設想建立東京正心館的計劃。而那個時候總合本部的職員們，都住在栃木縣宇都宮市一帶，即便知道了「要興建東京正心館」的計劃，也很難有真實感。

想必是生活於宇都宮市，腦中亦只有宇都宮市的概念，加上「在宇都宮市建設第一棟正心館，接著蓋起未來館，之後再建築日光精舍」的既有計劃，想必職員們單是想著要讓正心館的運作順利步上軌道，已無暇再顧及其他。

另一方面，在正心館開始營運，未來館與日光精舍均未動工的情況下，幸福科學已購入東京正心館用的土地，並著手策定建設計劃。然而，不論我對這些職員們說明多少次，他們還是難以理解。想必內心只有「先讓總本山順利運作，再走向下一階段即可」之念頭，根本想不到東京那裡去。

那時我真的感覺到「他們終究還是無法想像」。

然而，一旦東京正心館完工後，他們又轉而執著於此，改以東京正心館的運作為重心。此時再向他們表示「要在全國各地蓋起正心館」，結果如同之前，仍然無法獲得理解。

或許在他們的心裡，並不存在此等目標的可能性。習慣於被單一的事項給牽制，「思考力」亦無法延伸到其他事情上。

從時間上來說，他們的「思考力」也無法觸及下一個階段的事情。即便被認為「優秀」的人，情況也是一樣。

當然「一日一生」的想法也沒什麼不好。把握每一天、竭盡全力度日也值得鼓勵。在各種事業當中，都需要集中心思於眼前的計劃。

然而我認為，若是僅著眼於目前被賦予的工作，那麼此人將無法成為領導者。

「竭盡心力於手上的工作」當然也是領導者必要的資質之一，然而身為領導者，更需要思考「他人並未想到的日後之事」。除了完善眼下的任務，必得時常思索「於此之外的可能性」、「除此之外的方法」、「其他的事業」、「其他工作來源」等等，這點極其重要。

3．具備「專業人士的力量」

專家的收入優渥不會引人微詞

緊接著必須持續拓展新的領域，並於期間逐步具備「專業人士的力量」。

所謂的專業人士，簡單來說便是「能透過該工作獲得報酬」。若能理所當然以能力換取金錢，那就算是專家；若未能獲得報酬，那就算是業餘。這就是專家與業餘兩者之間的清楚界線。

棒球界也是一樣。許多人喜歡棒球，其中有著喜歡看棒球，也有喜歡打棒球的人。然而業餘人士與專業人士之間仍然有所差異。職棒選手就算賺個幾億日幣，也沒人會說閒話。因為賺得越多，表示此人的表現越優異。

「球技表現優異」的人獲得「優渥的報酬」，這點想必沒人會有意見。因為這位職業選手為世上許多人帶來歡樂，人們對此人總抱持一定程度的尊敬。

然而，若是打業餘棒球而獲取高額金錢，恐怕會有人認為「此人憑什麼拿那麼多錢？」

逐漸演變為「專業工作」的幸福科學

從這個角度來看，試圖開展新事業或踏入嶄新領域，挑戰自己至今為止還辦不到的事物，亦是進入專家世界的一個過程。「已跨入業餘領域的人，能在哪個時機成為專家」是一種與時間、空間的奮戰。

幸福科學做為宗教團體起家，但一開始是以演講、講座、研習會等等，以聆聽我的講演為活動重心，當時的職員們，最重要的工作也只有相關活動的聯絡與準備。

然而，如今的工作內容已有大幅度的轉變。從僅以演講活動為重心之時期來看，由於沒有「建築像正心館這樣附有住宿設備的研習所」這類經驗，自然不知道該如何下手。再加上沒有從事旅館業的經驗，例如「蓋成像是一般公司的辦公大樓那樣，其後使用狀況不佳而感到困擾」的情況重複發生過好幾次。

想要成為專業人士，過程就是如此地辛苦。

不過，持續十年之後，精舍的館長也越來越有樣子了。工作變得熟練，更加不可思議的是，「只要有一個人懂得如何工作，其他的人自會跟上」，如此良性連鎖效應也不斷發生，整體開始走向「專業化」；「業餘工作」開始逐漸轉化為「專業工作」。

幸福科學的「教育事業」於短期間內迅速「專業化」

當宗教組織欲踏入教育事業時，理所當然地，初始階段時還不成熟，拿不出值得獲取報酬的成果。

「該如何讓業餘工作進化為專業工作？所需要的做法該從哪裡找起？需要何種努力？該採行哪種做法、怎麼用人、到達怎樣的成果才能算是專業？」必得不斷如此自問，否則即便是宗教組織，要想發展教育事業，也非易事。仍然需要持續確認自己「能在哪個部分養成專業」，不斷獲得新的能力才行。

現今幸福科學在教育事業方面，已設有幸福科學學園國中、高中的「那須本校」

及「關西分校」，同時經營佛法真理補習班「Success No. 1」，越來越有心得。而如今更著手準備設立幸福科學大學（注：二〇一四年十月底，日本文部科學省駁回設立申請，對此正提起異議；二〇一五年四月，先行設立高等宗教研究機構「Happy Science University」（簡稱ＨＳＵ））。

從一般人的角度來看，或許會覺得幸福科學在教育界還只是新手，但其中想必也有人察覺到能於短期間內迅速專業化之「幸福科學的效率」。

說到底，還是得成為專家才行。想要往前邁進，成為專家，這勢必會遭逢嚴峻的抵抗，關鍵便在於能否跨越這些障礙。

「在這大學供過於求，一間接著一間廢止的時代，著手設立大學一事究竟有何意義？又具備多少發展的可能性？」對於如此質疑，必須要給出答案才行。

對此能否給出答案，這即是一堵高牆，而能否讓這堵高牆瓦解，關鍵就在於「進入幸福科學大學就讀的人，在經過考驗之後，往後有何等發展」？

4·幸福科學大學欲培育「打破日本人框架的日本人」

建立一所能開創人類各種可能性的學校

再看到設立幸福科學大學的計劃，現狀是已有多所名校林立。幸福科學學園與「Success No. 1」自然亦有針對應考這些學校的內容進行指導。爾後待幸福科學大學正式成立，幸福科學學園成為直升系統之後，下一步又該怎麼走呢？

首先，我想整體的校風與文化，勢必要與應考入學的學校及其他直升入學的學校產生差異。

現今多數的直升學校，一旦進入大學就讀後，感覺多以玩樂活動為中心，陷入一個有怠惰空間的輕鬆狀態。然而，其中的關鍵就在於，於學校當中能否持續開發人的潛力，並且挖掘出邁向嶄新世界的想法或方法；能否辦到這一點，至關重要。無論如何，如今的幸福科學，正以難以想像的「效率」前進，教團的自信亦逐漸加深。

改變「日本常識」之意見領袖的職責

接著更需改變「日本的常識」。

說到「所謂日本的常識源自何處？」其一自然是教育，其二則為政治，媒體的報導方式亦有其影響。

為此，幸福科學亦透過媒體的角度發表許多資訊，責無旁貸地扛下意見領袖，乃至趨勢領袖的角色，持續努力，試圖開拓新的道路。

前陣子，幸福科學學園的理事長提及「其他宗教學者對我說『宗教法人的地位，在大學成立之後，將有大幅度的轉變。大學成立後，社會將以完全不同的眼光看待之』」；對此我抱持相同看法。建立了大學之後，勢必能構築更加堅固的磐石。

最基本的，大學每一年送出畢業生，社會自然將騰出容納這些新鮮人的空間與環境。人材在各行各業中發揮，在社會當中的定著度會逐漸提升，認知程度自然也將隨之升高。

另一方面，對宗教抱持抗拒感或恐懼心態的人們，亦有了機會瞭解「來自宗教大學的人們，在一般的工作上有何等表現」，透過這一扇「窗」，窺見該宗教的內涵。

創造一個能培育出「想要耕耘全地球的人材」的大學

幸福科學正進行著教育改革、媒體改革、政治改革，並向海外播下種子，其中我最感到遺憾的便是，「源自於日本的事物，對全世界產生影響的狀況極少」一事。

長年來，許多人認為「日本人擅長引進外國的事物，並將其擴展甚或改良」；而「源自日本之事物推往其他國家，而外國以其為基礎發展並繁榮」的情形卻很少發生。仔細研究或許會有幾項，但大體上幾乎沒有。

舉例來說，豐田汽車的銷售量，大幅勝過美國廠牌的汽車，然而考慮到「日本是將美國既存的汽車進行改良，在成本與性能上產生優勢才取得較高的市佔率」，這樣的成就並不足以用來誇耀。

然而，若是能藉由起源於日本所思索出來的方法，解決並克服全世界感到困難的事情，我認為那必會成為一番偉大的事業。

而我即是想要透過幸福科學大學（HSU），培育出新人類。我想要培育出「不像日本人的日本人」。我想要發明出一所大學，能夠培養「突破日本人框架之人」、「彷彿生來便注定成為國際人的人」、「抱持『想要耕耘全地球』的念頭的人」。

建設公司「打造改變世界之神殿」的氣魄

前幾天，我前往位於千葉縣的幸福科學大學（HSU）的建設預定地視察。將在那片廣闊土地上建造校舍的大型建設公司的工程負責人也來到現場。先前興建幸福科學學園那須本校，以及負責其後關西分校建設工作的工程負責人也是同一個人。他曾在那須待了一陣子，接著在琵琶湖畔住上一段時日，現在又搬到千葉縣的九十九里濱，持續監督著建設工程。

這位人士很有責任感，更在工地掛起寫有「我們在此立誓要成為最好的宮廟工匠」的大型看板。也就是說，他們在工作時所抱持的不是「蓋學校」，而是建造神殿般的心態。看到這塊看板，我心想「這份氣魄值得讚賞」！「我們不是在蓋學校，而是在建造神殿啊！」他們此等氣魄打動了我。當然，我們本來預計就要建設金字塔型的禮拜堂，若說是「宛如神殿」也不為過，只是想到他們工作時注入一種「這建築物不同於一般學校」的意念，讓我感到很高興。

他們不僅興建著建築物，或許還同時祈禱著將來在這所學校裡就學的人，日後將能有一番成就，進而成為整個日本的領導者，改變全世界。

另一方面，我則望著建築物在幾萬坪的腹地內逐漸成形的景象，深深感慨著「十年前、二十年前、三十年前我們的意念，終於發展到這個境地了啊！」

實際上，以前我曾說過「恐怕沒辦法在我這一代建設學校吧！」然而，即便我嘴上說著「應該沒辦法」，但持續朝如此遠景邁步，最後這現實才會逐漸出現。

雖然想著「應該沒辦法」，但同時又抱持著「不，說不定有機會達成」的念頭，實際樣貌便會逐漸成形。持續思考「自己能做什麼」，手握著圓鍬一鍬地往下鋤，不知不覺前方之路就會打開。

5·只有志向能開拓前路

從自己設計的英語教材上實際體會到的「教育效果」

我進一步深入思考「自己能做什麼」，在前往海外傳道的同時，我又重頭學起英文。之後更著手進行英語教材的製作。除了對海外的傳道及教育事業有所助益之外，亦增加了教團內的人們提升英語能力的機會。

舉例來說，幾年前，剛開始正式推動海外傳道活動時，我在幸福科學總合本部以英語進行說法練習。當時召集來現場的總合本部職員前來聽講，前面兩排左右大概十八個人，都是多益（TOEIC）成績八百分以上的人，此外的職員都沒有那般成績。

然而，到了最近（二〇一四年五月），多益成績超過九百分的人數已有七八十人，拿到八百分以上的人則有近兩百人，足見「教育的效果」實則能產出十倍甚至更大的力道。

在那之後，我持續製作英語教材，如今幸福科學學園裡，已陸續有國中一年級的學生通過英檢準一級。

於此同時，不免有些迷惘，對於腦袋如此優秀的人，今後該怎麼安排，甚至考量著是否該讓這些人直升大學。

一般來說，若是社會人士取得英檢準一級的資格，已是能前往海外工作的程度了。一般來說都是大學畢業之後，學習實用英語，接著被派往海外分公司；然而幸福科學學園中，竟然有人國中一年級便到達如此程度，連我都感到訝異。

還有另一件更讓我驚訝的事。

以我的家人來說，排行老五的二女兒就讀幸福科學學園，上面的哥哥姊姊們唸的都是日本屈指可數的升學名校。然而，在國中二年級便一次通過英檢二級考試的，就是這排行老五的孩子。

雖然似乎她自己認為「兄弟姊姊當中，就屬自己頭腦最不好」，但即便是程度達到日本三大名校（完全中學的開成、麻布、武藏）等級的哥哥姐姐們，都很難在國二的階段通過英檢二級的考試，「為什麼她能在這麼短的期間內便成功考上？」我自己都不禁感到驚訝。

目睹這些成果，我也在心底自我肯定「我所設計的教材，其實也不差嘛！」

超越「三大名校」等級的《英文單字片語集》

此外，我也設計了大學應考用的《英文單字片語集》。前幾天，我家三男（東京大學一年級）在「Success No. 1」講課時（詳細內容請參照《理想的考試準備生活法》〔宗教法人幸福科學出版刊行〕），便介紹了一本綠色封面的《Success No. 1大學考試英文單字片語集必勝篇》。

說到這本書的程度，兒子將這本書帶到學校給朋友看，發現裡面列了許多連他們也不認識的單字，大家都難掩驚愕之情。

我平時起便常收集其他補習班或先修班的英文單字片語。其中，專收三大名校等級之學生，由現役東大的學生指導，名為「鐵綠會」的補習班，理論上用的教材應屬最高程度。然而，在看過他們的英文單字片語集之後，發現內容極其簡單。令我不禁感覺到「這麼簡單的東西怎麼教得下去」，並且補習班還提出此等內容給學生們，並努力地反覆進行測驗。從這方面來看，「Success No. 1」早已超越這些補習班的水平。「Success No. 1」裡的學生所唸的內容，是會讓三大名校等級的人都忍不住說「連這種題目都有！這還真困難呀！」

單就英文片語方面來看，目前日本所出版的應考用參考書，應該沒有一本到達我的《英文片語集》的等級。而以這本書為基礎來準備考試的人，上榜率逐漸提升，我認為是理所當然的結果。

以最大才能之「抱持志向的力量」開拓前路

到頭來，還是需要反覆構想，持續自問「藉由己力能做到什麼事」，並一步一步加以實踐。不斷反覆這個過程，便可累積起一定程度的份量，自然地逐漸「體系化」、「階段化」。於是，人就是可以像是爬樓梯一般，從一樓爬到二樓，接著再從二樓爬到三樓，不斷地增加自己的高度。

或許每一件事項都像是無趣的工作，然而，只要能選定自己擅長的領域，專心一致地朝著一個方向努力前進，就必定能掌握一定的方法。這麼一來，其他領域的人亦將產生「原來如此，是要這樣做啊！」的念頭，開始出手相助，前方的路就會不斷打開，事業亦將逐漸成熟。

要想成為萬能，並非易事。我認為更重要的是，如先前提到的動物的例子，找出屬於自己的「強項」，若是能努力革新，那勢必會成為能把自己推向新事業或新世界的力量。

人只要願意努力便能成事。有一句諺語說「活到老，學到老」；年紀尚輕時，只把它視為一句話，如今我則深深感受「實際上，沒有什麼事是辦不到的」。

不論是五十歲、六十歲，甚至年過七十，人的能力都有伸展的空間，更能夠開拓自己新的領域。不過若是發展成妄想的壞習慣，恐怕就有點過頭了，必須施予適度的抑制。然而，只要努力針對自己的「強項」部分，紮實地累積經驗，不管到了幾歲，同樣能超越自己年輕時的水準、超越一定的水準，更可以再繼續成長。

隨著這些有用經驗的累積，持續產出新的點子，追隨者與協助之人亦將逐漸增加，逐步構成規模龐大的事業。

「心念的力量」、「志向的力量」是非常重要的。

我認為「抱持志向的力量」乃是人類最大的才能。「我想要這麼作！我想變成這樣！我想創造出這個狀態！我想到達這個境地！」若未能抱持如此念頭，前方之路難以打開。

「志向從內心深處湧現」這個事實本身就是個才能。看看自己的內心，現正湧出什麼樣的事物呢？這些事物就是諸位的才能。而「擁有這份才能」的同時，也代表了你有著那般可能性。

6・突破高牆的「管理」能力

管理的功能包括「行銷」與「革新」

經營學家彼得・杜拉克對於「管理」著有大量的著作，並且他自己對於「管理」，也曾簡要描述過。

首先，說到最基礎的管理為何，他認為「其中一個功能即是『行銷』」。所謂的行銷，就是透過市場，讓消費者有機會使用商品或服務。所謂的工作，大抵都是如此。行銷包含了「增加使用該服務的人數，或是增加購買該商品的人數」。

彼得・杜拉克另外又說道「管理的另一個功能則為『革新』」，那是一股因應不同的經營環境，將事物轉成新型態的力量。

簡單來說，杜拉克認為「管理可謂由行銷與革新兩個功能構成，其他的部分不值一提。」

倘若諸位試圖突破自己眼前的高牆，說到底，只要做好行銷與革新即可。

高高擋在諸位眼前的障礙，可能是家業，亦可能是公司的工作。如果是宗教，就有可能是傳道、贈書或植福等等。

從結論來說，諸位該著手進行的行動之一即是「行銷」，也就是想辦法讓更多人理解你所提供的商品或服務的價值何在，並成功讓他們接納。

另外一件該做的事即為「革新」。隨著不同階段的工作，自然會面臨不同的情境。舉凡必須用於未來的想法或點子、人材配置的分寸拿捏、指導新人和協助者一同工作的方法等等，每個階段，都需要革新的力量，以期讓想法更加進化。

只要做好這兩件事，諸位所進行的工作，不論是公司的工作、亦或正職之外的義工工作、NPO（非營利組織）領域的工作，必定會有所進展。

至今從未想過自己對這類商品有所需要的人，或者是不曾覺得自己需要此等服務的人、不認為自己需要宗教信仰的人，對於這些人，必須要讓他們理解「其實你們是需要的」；此為行銷。

接著，配合對方的層次，還須陸續開發出新的服務或商品，或為其指引的新想法，自己也必須要進化才行；此為革新。

確實掌握好這兩件事，努力奮戰、突破障礙，這才是龐大組織欲向前邁進的唯一途徑。

經常考慮「具效率的工作」是領導者的使命

針對一項工作，我也勤於盡力思索能否使其產生兩重、三重的用途。我經常在考慮，用於某個工作的內容，是否也能適用於其他地方。

舉例來說，「在幸福科學學園所運用的事物，之後在海外傳道時也能用上」，或是「在海外傳道的經驗，也能供各位活用於自己的公司」等等，針對各種事物，我總思量著如何將其化為能供人應用於兩種、三種不同用途，進而能產生多重效果。

就像這樣，經常考慮「如何能持續累積具效率之工作成果」，我認為這亦也是身為領導者的使命。

在本章當中，我以「突破障礙的力量」為主旨，描述了概括性、整體性的內容。

請諸位務必突破現存於自己眼前的障礙。

第四章

第四章　異次元發想法

——如何獲得超越此世的發想

1·何謂「異次元發想法」

能應用於多種場合之「異次元發想法」

本章章名「異次元發想法」，是一個極具異次元風情的章名，讀者們想必對這章的內容有著各式各樣的期待吧！然而，從整體共通的道理來看，實則包含頗為困難的概念。

如果是經營者，或許會想要從本章尋求做為老闆的點子；若是商業人士，則會想要獲得解決眼前問題的方法；倘若為學生，現在可能碰上讀書的瓶頸，或正煩惱著未來應走之路；如果是家庭主婦，或許正為家庭中的各種事情而煩惱，希望能得到某種異次元的力量，來解決問題。

就像這樣，現今人們有著各種需求。

當然，在本章當中，無法針對所有個別情況逐一回答，先暫且不論能否於本章內容找到剛好符合的答案，只希望諸位透過接觸本章內容，產生「從今天起，諸事將有某些改變」之想法便已足夠。

總而言之，我希望諸位讀完此章，能夠幫助諸位於各自立場上，成功產出異次元發想。

說到「異次元發想法」究竟為何時，或許大致可以將其想成「從超越世間層次、超越現實層次的世界中，獲得某種引導或靈感，藉以開啟成功之路」。

附帶一提，我在執行工作時，基本上便是在實踐這「異次元發想法」，只不過詳情無法透露。畢竟是「異次元」，不是能夠輕易透露的，但我想盡可能地將「異次元發想」，翻譯成三次元能夠理解的描述。

「只要能接收到來自靈天上界的各種靈感，便可藉此解決問題」，或許有不少人如此輕鬆視之，實際上那並不容易。

天上界確實存在為數眾多的指導靈。然而，在指導靈給予適切建議或給予指導之前，諸位自身必須要先符合某些特定條件。也就是說，若想獲得指導靈們的建議、接受引導、解決眼前的問題、開啟前方門扉，就必須具備相當的條件才行。

換言之，沒有東西會毫無理由的從天而降。

因此，我希望本章所闡述的內容，能成為諸位從「三次元發想」渡往「異次元發想」之間的橋樑。

引來異次元能量時亦存在「因果法則」的運作

那麼究竟何謂「異次元發想」呢？

仔細想想，發生在我自己身上的「異次元發想」，並非是我接受了來自高級靈界的靈感或建議之後，才去進行某些行為，我並沒有特別在意來自靈界的靈感。當自己沒有特別在意異次元的力量，以一己之力持續行動時，其實可以說是正受著異次元力量的幫助。

這說來很不可思議：有時候，當人們缺少來自異次元能量便無法達成某件事時，異次元能量並不一定會降臨；然而，一旦到達不需要異次元能量，自己也能把事情做好時，來自異次元的能量便會湧現。這除了不可思議之外，我想沒有更好的形容了。

試著努力讓自己不需要那些力量也能成事，那股能量便湧現，開始進行各種指導。反過來說，當自己處於「若沒有靈性的指導，恐怕什麼也做不了」的狀態時，反而是等不到異次元能量降臨。

這雖然非常不可思議，對此，我感覺到其中藏有某種「逆轉的關鍵」。

若以古老的名言來形容，就很類似於「天助自助者」之意，我感覺兩者之間極為相近。

也就是說，未感受到「正接收異次元能量」時，是受到最多指導的時候；心念著「現在很需要能量啊」、「真希望異次元能量降臨」、「要是有那股能量就好辦了」等等，反而不會降臨。乍看或許有些壞心，但那不是壞心，邏輯即是如此。

因此，若想要引來異次元能量，背後仍存在著「因果法則」的運作。

當世間準備好了，異次元能量即降臨

至於，該如何讓那法則順利運作，關鍵就在於此人於世間的人生態度、想法。

一些古老的預言書裡均有提及，預言降臨的時機，並非預言者自身選擇所得，而是在某個時機，意外地降臨到這個人身上。靈性的訊息大多在「準備妥當」或是「時機成熟」的情況下降臨，世間之人有所選擇的可能性很低。

就像這樣，當「準備妥當了」或「時機成熟了」，異次元力量便會降臨。為了如此時刻，平時的準備至關重要。諸位必須努力讓自己到達「隨時皆能接收來自天上界靈感」的狀態。

倘若天上界降下「必須馬上挺身而出！」、「必須馬上採取行動！」、「必須馬上執行某事！」之類的啟示，即代表此人是處於「早已作好萬全準備」的狀態；靈感通常都是如此狀況下降臨。

2．如何獲得「異次元發想」

①成為「經常思考之人」

接著我將列舉幾個前提條件。

首先必須要瞭解，既然將「異次元發想」視為一種想法，那就很像是世間的創意，或者是思索企劃或提案途中的「靈光乍現」。

當創意或靈光乍現時，面對的問題可能是「該如何善用這份靈感」，但要出現那靈感，有一個前提，那即是此人必須先成為一個「經常思考的人」才行。

關於「思考」，欲到達能夠自覺「啊啊，自己現在正在思考」的層級，必須要某種程度的人格形成及努力，「知性努力」亦或「鍛鍊己心的時間」是在所必要的。

②獲取「思考的種子、材料」

讓自己達到「仔細一想，自己隨時都在思考」的狀態，首先必須要有思考的訓練。為此，得先準備好「思考的種子、材料」。

也就是說，需要「思考訓練」及「思考材料」。

③持續世間的努力

針對這一點，得先瞭解一個事實：「對於三次元、世間的努力有所怠慢之人，無法獲得優質的靈感。」

換言之，這「異次元發想法」，不會是從天上掉下來那麼簡單。譬如，「現在在這裡買一張彩券，就會對中五億元」這種靈感不會隨便發生，而是以更正當的方式表現。在持續正當的努力過程中，那靈感會從中出現，人的作為全都被看在眼裡。

有很多拼命練習的奧運選手，這些人每天都自認為練習又練習、鍛鍊又鍛鍊、盡全力到極限，然而，那般努力還是會經過天上界的檢視。

因此，當天上界的靈人認為「此人已經努力到極限，差不多是時候給一個奇蹟了」的時候，舉例來說，倘若是體操選手，或許將能完成一個完美的後空翻，也就是「異次元後空翻」。當天上界的靈人想著「給此人一次俐落的翻轉吧！」，奇蹟就此發生。

為此，除了必須熬過平日嚴酷的訓練，還必須打造足以接受那般奇蹟的「器量」，此為重要的前提。換言之，要打造一定的器量，仍得靠自己本身的努力。

④「幸福」與「幸運」有所差異

聽到「變得幸福」，有些人會認為「『幸福』跟『幸運』是不一樣的。」

譬如，某個電視節目曾經提及，哈佛大學曾教導學生「從統計學上來看，在某個特定地區中，是否中過彩券與其是否感覺到幸福並無特殊相關」。

這也不無道理，「彩券中獎」即代表有額外的金錢收入，但是否會就此得到幸福，仍因人而異，確實無法一概論定。可能會因為中獎，因而生活怠惰，也有可能遭強盜，更有可能因為生活突然轉為奢華而喪失人生鬥志。

從這方面來看，「幸福」與「幸運」確實有其不盡相同之處。不過，只要準備好「足以接收的器量」，待幸運造訪時，就能化為實力發揮出來。

3．何謂大川隆法流之「異次元發想法」

被認為「需要五百名工作人員」之大川隆法著作的真相

思索「異次元發想法」，舉一個簡單的例子，我的工作，在其他人的眼裡，恐怕看起來像是採取著不屬於世俗的進行方式。

曾有一位於自衛隊擔任幹部的人說過，「從產出此等大量的書籍與政策來看，背後的工作人員應該少說有五百人。」（參照《政治革命家・大川隆法》〔宗教法人幸福科學出版刊行〕）。

的確，觀察我至今出版之書籍的質與量，會被人認為需要五百名工作人員拼命地研究、分頭撰寫才有可能完成，也該說是理所當然。

天上界確實有五百位左右的指導靈團在努力著，但在地上界並非有五百位那麼多人在努力。我只是單純地持續進行我「應行之事」罷了。

為接收「異次元發想」的單純努力

①致力拓展「興趣、關心的範疇」

而我單純地持續進行之事為何呢？

其一便是「經常試著努力拓展興趣、關注的範疇」。

其次則是「即便面對不熟悉事物，亦持續保持關心」。

之所以會這麼做，除了是不想錯過任何足以開創未來的徵兆外，同時亦回溯過往的歷史，若是過去有人曾經歷相同情境或立場，亦或是曾跨越類似的障礙，試著學習「他們是用何種方式突破障礙的」。

②致力拓展「擅長的領域」

除了以上所述之外，擴展做為「靈感泉源」的「自身擅長領域」，也是非常重要。

整個日本當中，「能夠接收自靈界的某種靈示」、「能夠聽到靈界的聲音」、「能夠講靈言」、「能夠靈視」等等，有著如此靈性體驗的人數，據說大概有一萬人左右。若是將「小小神祇」或靈媒等等全都列入計算，或許真的有一萬人左右

然而，其中能藉由這類體驗當做職業的人，想必不是太多。即便能聽見靈的聲音，或是與其對話，觀察本會所出版之書籍的廣度，以及其見識的高度、深度，便會知道，要接受高度的靈性訊息，於世間當中若沒有相當的器量是辦不到的。

譬如，即便青森的靈媒擁有貨真價實的靈媒能力，恐怕也很難召喚出凱恩斯（John Maynard Keynes）或海耶克（Friedrich August von Hayek）。

致力於各種領域成為「準專家」

事實上，既便是理科的靈人，也會讓我降下其靈言，即便我理科的專業知識不是非常充足，雖說是如此，但我仍對於理科領域敞開心胸，在自己可行之範圍內，致力耕耘「專屬自己的田地」，否則就無法接收那般靈性訊息了。

因此，像我這種「文科味道」偏重的人，欲降下愛因斯坦、愛迪生，亦或是湯川秀樹等人來自靈界的啟示，難免有些不足之處。他們想必也盤算著「真正的理學博士之流的正統學者當中，有沒有哪個具備足夠靈性的呢？」只不過，這類人很少在靈性方面有所醒覺，所以無法接收靈示。

然而，即便我比較偏向文科，但只要願意努力「學習理科的知識，盡量接近那些人的境界，努力成為一個能聽聞他們聲音的人」，年復一年，一點一點地努力，即便到不了他們的水準，但至少也能聽得懂他們談話的內容。

若是理解力到達足以理解大學授課內容之程度，便能在那範圍內降下靈言。一般人大多並非該領域的專家，但透過我的理解而轉達的靈言，能讓讀者以一般世間的程度來瞭解理科天才們的意見；這正是因為我不是專家，才能得到的恩惠。

從這層意義上來說，對於各種領域，就算無法到達專家水準，但如果不付出努力，以期達到接近半專家的程度，沒有那般器量，就無法接受那些啟示。

如何培養能接收音樂家們之深度靈性指導的器量

以前曾有人自稱全聾，卻能彈琴，世間稱其為「現代貝多芬」，後來引發了一些問題。實際上，我也能召喚貝多芬、蕭邦、莫札特的靈魂，只不過，就算是讓他們進入我的身體彈琴，我的手指也無法流暢動作。

倘若練習到某一程度，到達足以在人前演奏的等級，想必能展現如神降臨般的彈奏技巧，肯定也能隨心所欲地作曲。可惜的是，我在那方面的鋼琴修行還不夠，尚無法有那般表現。

若讓世間的音樂家聽到這番話，或許會不甘願地想著「若是附到我身上，我肯定能發揮得更淋漓盡致」。然而，此等心願無法成真之事實，也間接說明了世事之嚴苛。

要是莫札特或貝多芬的身影，成天出現在各處，世間恐怕難以維持正軌，如此現象自然需要加以限制才行。

「狹隘的宗教觀」有時會成為靈性指導的阻礙

再者，若是想要讓宗教相關人士的靈魂出現，則需要對此人的思想及想法有所理解，若沒有那般器量，則無法實現。

而我就曾降下各種宗教家的靈言。

一般來說，一門宗教大抵基於單一的經文或想法，而信仰這類僅持有單一方向性之宗教的人們，很容易對其他宗教採取否定的態度。

譬如，於基督教修行的牧師或神父，當他們具備靈性體質時，即便有基督教以外的靈性存在給予不同於該教派的教義時，當事人很容易認為「這種事才不可能發生」而表示抗拒。

被稱為「沉睡的預言者」的愛德加．凱西也是一樣的情形。仔細檢視他生前於催眠狀態所論述而被抄錄下來的內容，可以發現其中談到許多與輪迴轉世有關的話題。雖然基督教視輪迴轉世的思想為異端，但愛德加．凱西卻在被催眠時大談特談輪迴轉世。也就是說，愛德加．凱西在陷入睡眠狀態時，大方談論輪迴轉世的內容，清醒時卻在週日教會禮拜堂的演講上說「沒有輪迴轉世這回事」。

由此可知，依據當事人本身的接受程度，其靈性教義的顯現方式亦將有所不同。以凱西的例子來看，當表面意識陷入休眠狀態時，會出現一部分不同的潛在意識。他在基督教學習到的是「沒有輪迴轉世」，雖然他認為那是不正確的，這表示他的靈魂質地存在著足以接受那般邏輯的空間。此外，他在沉睡期間也曾提及「亞特蘭提斯與穆大陸是確實存在的」。

經營者的器量決定了有何種指導靈前來指導

如前所述，「打造器量」是需要付出努力的。

在工作上也是一樣的道理，器量能拓展至何種程度，決定了諸位未來的可能性。

如果是公司的經營者，就必須思量自己公司的未來願景是什麼，為了達成那般願景，在各個階段自己應該具備何種能力。

當你朝著特定方向，努力耕耘自己的「田地」時，依循著那方向，便會開始有符合公司規模的指導靈前來進行指導。

並且，當公司規模更進一步地成長之後，指導靈亦將有所替換，會隨著每一個階段的不同規模，出現不同的指導靈。

漫畫家靈感枯竭時的苦楚

另一方面，若為撰寫文字，或進行創作活動之人，得透過各種形式產出作品，自然需要各式各樣的點子才能成事。然而，實際上總會遇到「種子」用盡的時候，這個階段肯定非常難熬。

為了談論本章節的內容，我事先讀了好幾本與思想激盪有關的書籍；其中一本則是漫畫家藤子．F．不二雄的發想法的書。

我原本想看看這個人有怎樣的看法，但其中幾乎沒有能讓我有值得參考的內容，不過有一段描述讓我覺得很有意思，那就是在他曾經「閉關」畫漫畫，最長曾持續到七十三個小時之久。

書中寫到「把糧食跟水放在手邊，不斷地一直作畫，最高曾達七十三個小時的時間，而且還有過兩次經驗。不過畫到最後，已陷入連紙都看起來像在飄的狀態」。當時我想「啊啊，原來會有這種感受啊！」

書中還提到，如果連閉關這麼長的時間也無法畫完，他就會逃到故鄉高岡（日本富山縣），出版社的編輯人員也不會追到那麼遠的地方，只能用電報催促他盡快繳交稿件。

漫畫家手塚治蟲的書裡也提到類似的狀態。

好幾本雜誌的編輯來到家裡，擠滿了會客室，此起彼落地喊著「快點畫、快點畫」，來了四個人之多，就無法給足所有人面子，不知如何下筆，只好假裝上洗手間，從廁所窗戶逃跑，衝進電影院看電影。換句話說，就是「搞失蹤」。

類似像這樣，畫不出來或擠不出話語的靈感枯竭的狀態，確實頗為煎熬。

「體驗派」作家的作品，精彩度將從第二作起開始走下坡

類似這種狀況，小說家肯定也曾經歷過。

直木獎或芥川獎等各大小說獎項，每年都會選出得獎者，而通常這些人會被要求在得獎後，立刻出版第二本書，於是大抵在正式公布前便會開始著手準備。但即便是拿了大獎，還是有很多人無法寫出第三本著作，

第一本作品大多是以筆者自身的經驗為基礎，多能寫出有意思的內容。然而，即便出道之作讓社會大眾認為「這太厲害了，從未有過這種經驗」而感到訝異，到了第二本或第三本作品時，刺激越來越少，內容的精彩度逐步降低，讀者自然隨之減少。

尤其是「體驗派」的作家，特別容易出現如此狀況。第一本撰寫的作品最為有趣，之後常常會走下坡。

例如，在電視節目「坎布里亞宮殿」擔任主持人的村上龍，於一九七〇年代後期以作家身份出道，寫下許多令人耳目一新的特殊體驗，令人不禁讚嘆「竟能寫出此等內容」。

未曾看過村上龍作品的人，倒也不必特地去找二手書來讀。他所寫的內容，是在當時的文化背景之下，沒有人能夠體驗的情節，因此非常稀罕，剛問世的時候自然是非常有趣的作品。

譬如，在毒品還沒在日本流行的時代，如果有過毒品經驗的人，所寫的作品或許會讓人感到有趣；或者是，在兩性關係的觀念保守的時代，寫出跨越男女界線的內容，肯定也會讓人覺得有意思；要不就是針對特定職業，某個犯下「違反業界規範之事」的人，所描述的類似自白文的內容，想必也頗吸引人。

只不過，緊接著的第二作、第三作，精彩程度只會不斷降低。特別是體驗派作家，總得面對如此劣勢。

未得到靈感的「資料派」作品稱不上精彩

相較於前類，自然也有所謂「資料派」的作家。

這些收集龐大資料與情報，並以此為基礎撰寫作品的人，比較不會遇上無題材可寫的窘境，能持續推出作品。只不過，其中明顯有部分為「未得到靈感之人」。

材料的收集可說是要多少有多少，可以從書店或很多其他場所獲取，再加上如今透過網路亦能取得無數的情報。

當這些作品明顯仰賴這些資料完成時，其中未加入任何靈感的作品，會令人感覺沒有附加價值。因此，不論如何深讀，精彩度仍顯不足。

收集資料、以親自取材記錄的風格撰寫，只有在大部分人不明白真實情況，或是正巧主題較為特殊時，才有機會成為有趣的作品。但隨著推出的作品越來越多，或許是底牌都被看光，讀者漸漸地能預測出作者所掌握的材料，精彩程度亦將隨之下降。

除了收集整理資訊，更需要使其「結晶化」

可能多少有些失禮，不過以下想舉一個人物作為具體的例子，那就是於文壇有著一定地位，已踏入晚年階段的立花隆。

這個人可謂是記者界的其中一名「巨匠」，撰有多部「厚實」的著作。這些作品讀來讓我感覺到，他似乎把「處理資訊」視為「知性本質」。他有著將「善加收集資訊並適當整理」當作知識的「知」的傾向。

實際上他確實調查得很仔細，文內亦引用不少資料，但仍欠缺精彩度。用我的話來說，就是「結晶化」不足。簡要的說就是，這些書籍作為參考資料確實有其價值，但並不是一本有趣的作品。

立花隆所撰寫的書籍當中，銷量最佳的一本是以「立花隆公開徵求秘書，結果來了五百人報名」為主題，透過記錄片般的風格，收錄了面試並決定採用秘書的過程。其他以較為接近事物本質之題旨所撰寫的作品，賣得都沒有這一本好。

那位秘書任職了一段時間，期間立花隆每個月必須支付二十萬日幣的薪水，然而，立花隆在雇了秘書之後，並未持續認真地產出作品。或許因為收入並不很穩定，沒多久便將秘書給辭了。

恐怕是這事沒有處理好，之後這位秘書於沖繩出版了批評立花隆的書籍。書裡更提及類似這樣的批判，「因為付不出二十萬日幣就辭退員工，實在不是個大作家該有的作風。更何況賣得最好的書寫的還是我的事」。

讓收集而來的資訊徹底「醱酵、熟成」

若說到最近，剛辭去外交部的工作，曾和他人出現有些爭端的佐藤優，其工作的方法跟立花隆有不少相似之處。可以感覺得出佐藤優確實閱讀過各式各樣的書籍，然而，這些資訊並未經歷醱酵的過程。也就是說，他所擁有的資訊，大多未能醱酵並昇華至創作作品的層級，僅停留在僅為材料的階段。

紮實地備好足夠的材料，最後卻未能構築知性上的成績，實屬遺憾。例如，將適量的米與麴摻在一起，加入清水慢慢攪拌之後，便會開始分離出酒精成份、飄散出酒香味。若是類似這樣的醱酵過程不夠徹底，吃起來就會像是咀嚼著原料。

此外，佐藤優最近推出的書裡寫到自己國中二、三年級時，曾有老師提出「來我補習班教課」的要求，也就是被挖角的經歷。

該段落當中一併收錄了年僅國中的佐藤優，與這位曾在前蘇聯的大學任教過的補習班老師的對話，但這部分的內容，我怎麼看都像是造假的。

一個國中生恐怕無法進行那種程度的對話。可以輕易窺見，這些內容勢必摻雜了他當上外交官後學習所得之知識。就算是我，在國中三年級的時候也拿不出此等論調。很明顯是將現在的知識「移植」到過去，並進行論述而已。

收集了資訊、材料，卻未使其充份醱酵是不行的。

成為大作家的人們，同樣也都經歷極大份量的學習。差別在於他們大多成功地讓這些資訊沉澱並醱酵，藉由各式各樣地組合，使其誕生出新的事物，也就是確實走完熟成的過程。

所以在這層意義上來說，這種人基本上既可以跑短跑，同時亦可以跑長跑。

說到我發想的原點，大多也來自這類過程之中。除了學習能敏銳地判斷現今的潮流，更以此為基礎，還經常思索未來的情況，對於過去歷史，也常常試想「若自己活在那般時代，將會有何種看法」。

學習語言可理解「外國的觀點」

此外，具備著「外國的觀點」也是重要的目標。

舉例來說，要想批判現今的中國，勢必得理解這個國家的歷史足跡。我透過大量閱讀來自中國的作品，以期看出「中國是怎樣的國家」。

所以，我是在瞭解了中國人的氣質、想法、行為模式之後，才開始講述意見的。

令人意外的是，中國對於日本卻不怎麼瞭解，關於日本的歷史知識幾乎一片空白。韓國對於日本，也是一樣的狀況。

像這樣陸續研究過關於外國的事物之後，回頭針對日本情勢發表意見時，便能產生頗具深意的觀點。

於此能得出一個結論，學習語言等領域的事物，除了能帶來知性刺激之外，更能提供另一種「宛如透過外國人的視野觀察日本般的觀點」，亦能進一步地「湧現極其豐富的發想」。

這類的學習，倘若到達一定的水準以上，想必能獲得不少好處。而未達一定水準，便感受不到什麼成果，僅止於能通過考試的境界而已。

然而，要是能進一步累積學習成果，接著便能早一步預見世界情勢的變化，自然就能理解「日本應該朝哪個方向前進」。

從這個角度來檢視二〇一四年二月的東京都知事選舉，倒也是不錯的結果；即便是日本的地方自治首長，由一名精通外國事物的人來擔任此職，自然是件好事。（注：當時的東京都知事，由國際政治學者、前厚生勞動大臣舛添要一當選）

曾在外國的大都市生活過或學習過的人，東京在他們眼裡的樣貌，肯定與其他人所見的不盡相同。這些人的內心想必有座「發想的泉源」，不斷地提供「哪個地方應當如何改變」之意念。

這不是椿壞事，同時也顯示出「『純國產』才是好」的觀念，不一定適用於所有情況。

接收靈示的一方所必備的「知性訓練」與「信仰心」

本會的信徒當中，有許多人曾前往幸福科學的精舍進行研修、參加祈願，其中或許有人已經有了靈性體質。

前陣子，我在本會的研習設施橫濱正心館說法，在回答聽眾提問的時間裡，有一位聽眾提到他收到來自外星人的靈感，已參透了幽浮的原理。

當下我很認真聆聽這番說詞，但其後詢問本會的科學人士後，從內容判斷，感覺此人似乎尚未到達該當水準。他似乎將幽浮的原理，想成近似陀螺旋轉的狀態，科學人士認為那並非是能讓人充分信服的說法。

即便想要接收來自異次元的發想，若此人未達適合於世間接收訊息的一定程度，其內容便得留意。因此，倘若在自身的水準明明還沒有達到一定程度，卻接收到許多靈示，此時就得要小心。一有差錯，很有可能就此前往「別的世界」，對此能否清楚分辨極為重要。

從這層意義來看，不管是出現了「靈性發想」、接收「啟示」，或者是「看到了夢境」等等，若是有許多靈性事物開始發生，就必須要好好地鍛鍊「現實處理能力」才行。

在自己的世間現實處理能力上，務必要確認是否有出現差錯，若是開始常常出錯的話，就得特別留意。因為變得太過於靈性，精神上常常會採取奇特的行動。

所以，越是變得「靈性」，就越是要保有「於現實世界中的處理能力」，而那般處理能力的基礎，即是來自於世間的學習，對此應該要確實做到才比較安全。

為了預防失智，我常推薦各位去學習英語等外語，這不僅能預防失智，而且為了避免接受到不當的靈示，每天確實訓練知性也是非常重要的。

到頭來，重點就在於，自己能否客觀地長期地訓練自身的頭腦。

只不過仍需注意的是，頭腦訓練過多的人，大多會變為沒有靈感的無神論者或是唯物論者，這點亦需加以留心。

因此，不厭其煩地持續耕耘知性基礎的同時，更需抱持信仰心，堅持「不忘卻對偉大力量之信仰」的立場。

養成於世間一步一步努力的習慣，並且皈依於偉大的力量，抱持著與其合為一體的信仰心是很重要的。

透過正面思考持續擊發「子彈」

除了前述的內容之外，基本上還是得回歸到「Be Positive」（積極）的態度。

為了讓發想更加豐富，不可從「辦不到、作不到」之角度切入，基本上還是要養成「難道沒有方法可行嗎？」的思考習慣。

首先，排除掉動不動就說「辦不到」的習慣，取而代之的是「難道沒有方法可行嗎？」的積極心態，這點非常重要。發現到自己「負面思想」很強的人，請務必重新審視並改正。

處於負面情緒之下，無法產出新的發想。新的發想一點都無法湧現，因此務必以積極的角度看待事物。請試著抱持著正面的想法，想一想能否採行哪些積極地、具建設性的、良善的行動。

這類想法，有時亦會被擊潰，如受到他人拒絕、否定等，此時重要的是，不可以輕易地就屈服。最終，以不間斷的正面思想，應對所有事物的態度至關重要。

只要持續地擊發「子彈」，總有一發會打中。或許很難一發命中，但是務必不間斷地射出兩發、三發、四發、五發、十發、二十發、一百發子彈，帶著「看你還能往哪兒逃」的氣魄，將負面思考當做目標一一擊落。

因此，不可以簡單地就屈服。正如二〇一四年的戰略經典《忍耐之法》的封面所寫，「永不放棄」（Never give up）的精神極為重要。

被擊落的負面經歷，更要盡早忘卻，重新整頓心境，抱持「再試一次看看」的想法。能夠盡早振作的人，前方的道路才會打開，良善的想法肯定亦將持續湧現。

第五章

第五章　足智多謀的領導力

——懂得用人的領導者條件

1．從各種局面看「領導者的定義」

適應現代社會之「智謀」的意義

本章的主題為「足智多謀的領導力」，內容會稍微有點困難。本書有著各種不同的讀者層，要在這個主題當中，找尋適用於所有人的共通內容，多少有其困難，但我將竭盡所能地表達，以期讓置身於各種職業或立場的人，都能夠有所參考。

首先看到題旨，包含了「智謀」的字眼。二〇一四年日本NHK大河劇，播放了黑田官兵衛的生平故事，所以想必諸位對「智謀」一詞應該不會太陌生。只不過，現今並非戰國時代，當年「以智慧策劃謀略」的作法，不一定能夠直接運用。當時的狀況總是生死一線間，時常面對生存與死亡的拉距，那肯定是非常困難的一件事。

來到現代社會，所謂的「智謀」，「智」的部分或許大家多少能夠理解；至於「謀」的部分，若是將其解釋為，有著想要將敵人趕盡殺絕，或使敵人全軍覆滅，進而攻其心計的話，或許有點和現代脫節的感覺。

不過，智慧當然是基本不可或缺的。結合數個選項、串連想法，在多種不同組合當中，究竟能以何種做法，達成超越預期的成績或者是達到目的，從這層意義來看，藉由智慧能使事物變得更有效率即是「智謀」。

所謂的領導者，是明白自己「該做何事」之人

在本章題旨當中，除了「智謀」之外，同時亦提到了「領導力」。

之前曾經講述過關於「領導者的條件」的法話，其內容亦成為經典（宗教法人幸福科學發行．限定該法話研修參與者領受）。我在當中提到「所謂的領導者，是明白自己『該做何事』之人」、「『沒有他人指示便不知如何行動的人』，便不符合領導者的資質；這類人是跟隨者，相當於部下」。

也就是說，所謂的領導者，是不需要他人提醒，自己知道現在應遂行何種工作的人。

當然，老闆以外的人，如果是部門主管，應該會接收到公司方針及發展方向的指導。那般公司的整體走向、業界的趨勢勢必存在，但無論自己被安置於哪個單位，能夠明確地瞭解到「自己該做些什麼」的人，此人就是領導者。

「若有部下時，將不必非得自己才能完成的工作交辦給下屬，進而創造更好的成績成果」，對此能夠看透的人，即是領導者。

同樣是領導者，自然也有從組織的領頭、中階幹部，與再下一級的立場的差別，但是基本上，領導者仍然都是「不需要他人提醒，自己知道該完成何種工作的人」。

足智多謀的領導者該有何樣子？

因此，任職於大公司的人，即便有很多人多以沒有部下的狀態，一直工作到中年，不過不論有沒有部下，只要是能夠自主判斷，並明瞭自己應執行之工作的人，便是領導者。

以軍隊為例，在空軍裡，擔任飛行員的人，絕對不會是士兵，全部都是軍官。因為他們所操縱的飛機，都是要價七十億、一百億，甚至一百五十億日幣的超昂貴飛機，再加上飛行時需要正確判斷攻擊方式或撤退時機等等，還得冒著生命危險。除了單人駕駛之外，有時也有兩人共乘一機的情形。但不論如何，飛行員必須要獨自思考，如何做才是符合戰略。戰爭期間，如果沒有細部指示便無法行動的人，是無法被交付任務的。

就像這樣，即便沒有部下，被交付高價物品以及自由戰鬥空間的工作，若此人不具備指導者想法的話，恐怕是不牢靠的。

基本上，指導者可以稱之為「價值較高的人」，對此請諸位不要忘記。

因此，可以將「足智多謀的領導力」進一步解釋為「磨練智慧的部分」、「收集各種知識與資訊，並透過實踐轉化為智慧」、「培養自身做為經營者的覺悟，或是商業人士的覺悟，明白自己身處於如此立場，應當執行之工作為何」；能夠達到這些條件的人，即可稱之為「智謀的領導者」。

將「無法做出判斷的幹部」置於組織內的風險

另一方面，有許多人有著管理職位的頭銜，實際上卻白白坐在位子上悠哉喝茶，什麼都沒做。這種情況不僅出現於小規模的公司，大企業亦有。

有很多人距離退休只剩一年左右的時間，手邊工作越來越少，在職場上幾乎已被邊緣化，每天僅是做在位子上無事可幹。實際上，工作都是部下在做，自己也不給予任何指示，也不幫忙判斷，亦不會對上頭的人表示意見，像這類已經被「邊緣化」的人，恐怕不在少數。

就像這樣，這些不明白自己應行之事的人，早已不是領導者，與俗稱的「跛腳鴨」沒什麼兩樣，亦宛如「行屍走肉」一般。

若是有許多這樣的人擔任管理職位時，這間公司勢必很難經營。僅憑藉著「歲數比較大」、「經歷較久」、「公司歷練多」等條件佔著管理職位，但在現實當中完全無法獨自判斷，公司高層未發出指示就毫無行動，放任這些人繼續待在公司裡，遲早公司便將邁入極度危險的階段。

此外，隨著組織規模逐漸擴大，會變得無法關注到每個細節。倘若自己只有一、兩位下屬，該做的工作自然很容易明白，但如果在各個地方，同時進行著各種活動的話，便很難個別地給予指示。

因此，整體的方針或方向性、預期成果的判斷，雖然是屬於組織最上頭的人的工作，但當自己被派遣到某個地方時，即應該想著如何構思、如何判斷任務，這即是領導者的工作。若是辦不到，很遺憾地，你恐怕已是組織的負擔。

領導力不一定會隨著年齡等比例增加，同時亦不分男女。

年紀尚輕時，還有可能因學歷高低的不同，而在腦筋方面分出高下，但踏入社會十年之後，便進入了與學歷無關的世界。十年當中所累積的事物，例如一路學習、實踐而來的經驗，或者過去的實際成績等等，這些都將受到眾人的評定，所以漸漸地就會進入與學歷無關的世界。

部下眼中的「理想領導者之樣貌」為何

反過來看，倘若為跟隨者，也就是以部下的立場來看，所謂的領導者，應是明白應當執行之工作，並且能給予適當指示，還能夠正確地評價工作成果者。

譬如，領導者能夠具體指出某個工作做得好或者不好，如果做得不好，還能夠說出哪裡不好，哪裡應該要改善。

此外，如果工作成果優異，有領導者資質的人還能夠對屬下說出「這部分是你額外努力所產出的成果，然而，公司所期待的目標是在這一帶，而你完成的則是這個範疇。但從整體來看，應當給予正面評價。下一次，你應該嘗試如此目標」等等的話語，能夠給予屬下評語或意見。

如果上述工作上司什麼也不做，只會呆坐著，恐怕會帶領公司走向嚴峻的寒冬。

2．能培育領導者的組織文化

於組織裡增加「懂得判斷的人」

不過，即便如此，一個人的腦袋仍有其極限。即便有很多人能在自己看得見的範圍內，做出正確判斷，然而，若是有許多狀況只能推測大致情況，或者是只能透過他人的報告，間接地瞭解，此時想要做出正確判斷，就不是那麼容易的事了。

因此，「腦袋」的數量自然是越多越好。

當然，有一句話說「人多嘴雜」，眾人意見差異過大而導致無法動彈，這也不是組織樂見的。依循整體方針是理所當然的事，但如果有人既能夠依循整體方針，又能夠在交辦任務之後，會自主地徹底思考該如何行動的話，那麼此人就是靠得住的人。

這道理不僅適用於公司的工作、宗教的工作，其他NPO（非營利組織）的工作也適用。

即便是把工作交派下去，但若是還提出細微的指示，要求全都要按照作業手冊去做的話，執行起來難免礙手礙腳。所以，在交派工作之後，任其自由於某種範圍外，自由地思考，自己瞭解到該如何做，這才是最重要的。

這是公司的正職員工，以及成為重要幹部的人都該具備的能力。不過，如果這些幹部等級才能做出的判斷，漸漸地連一般職員，甚至是工讀生或派遣員工都能夠做出的話，能夠培育出如此組織文化的公司，將來勢必將出現偉大的成果。

從星巴克工讀生窺見之「高等級的人材教育」

於此，我舉一個連鎖咖啡店的例子來進一步說明。

幸福科學學園的學生當中，似乎有不少人在現今非常有人氣的星巴克咖啡店打工。也因此，我時常在各地的星巴克被認出來（笑）。

說實話，新幹線車廂裡所賣的咖啡，確實稱不上好喝。以前有喝過幾次，但並未常常光顧。大多是在外面買上車喝，簡單來說，咖啡店裡賣的咖啡，比車內賣的要美味多了。

即便是免費送的，我還是想花錢買咖啡帶進車裡。與其喝難喝的免費咖啡，寧可花錢買美味的咖啡。車廂內販賣的咖啡，由於賣得不好，時間久了，味道就會變得酸化難喝，這一點應該很多人都有經驗。

然而，星巴克咖啡變得非常流行，我曾聽過一件有關於星巴克的事。

某間星巴克，有位工讀生一週只上兩天班，該店有一位常客每天同一時間來店。然而，即便是這位工讀生，在他還沒點單之前，在確認對方身影之後，便立即開始製作他所需的飲料。因為這位常客永遠都只點「老樣子」的飲料。要是剛好運氣不好，被其他店員反問「『老樣子』是指什麼呢？」聽說這位常客會非常生氣。

這也不無道理，對客人來說，不論店員是工讀生亦或是正職員工，都與客人無關，同樣都是在同一家星巴克買咖啡，若未能得到相同的服務，自然是無法忍受的。更何況這位常客永遠都在同一時間來店、點一樣的飲料，一句「老樣子」理應能表達他的需求。

再加上店方在他點餐前便開始準備，隨後立刻送上想要的飲料，他當然感覺會很好；反過來說，像前述那樣被反問，難免會發怒。

此等服務，除了正職員工之外，同時也要求工讀生必須做到，這代表星巴克已經達到了這般企業等級。從這方面來看，未來前往應徵其他公司的工作時，「曾經在哪裡打過工」亦可能成為加分的項目。

透過人材教育強化組織、提升利益體質

星巴克店內提供各種類別的咖啡，亦有販賣茶類飲料。這些商品的調製方法自然有一套標準手冊，然而，當我得知星巴克並沒有「服務的標準手冊」一事時，多少感到訝異。

「飲料做法有一套固定的標準，但是服務方面則沒有準則」，我認為星巴克培養出了一種無形的企業文化。

星巴克針對非正職之工讀生，進行與正職員工同樣的訓練、賦予與正職員工同樣的工作標準。而這樣的星巴克，從日本至今所發表的各種正式統計資料來看，在包含外資的外食產業當中，星巴克是目前盈餘最高的一家。

就像這個例子，原本該由上級管理職位，或者是幹部等級的職員所下的判斷，逐漸往下延伸，連基層員工亦有能力做出相同判斷的時候，該組織便將逐步茁壯、擴大，「利益體質」隨之提升。所謂的「利益體質」提升，簡單來說就是能增加分店。沒有獲得足夠的利益或盈餘，自然沒有辦法開新的分店。

3・成為專家所需的「智謀」與「努力」

若無利益，發展的可能性將為零

說到利益的部分，幸福科學教團屬於宗教法人，即為非營利法人，理所當然地，我們並非是以利益目的而進行活動。只不過，單從世間的現象來看，當然會出現能不能創造出相當於公司「利益」的問題。

就像一般的公司或企業，若無法產出利益的部分，自然沒辦法建立新的支部、建造新的正心館（精舍）、興建學校，也不可能於海外設立支部或聘任更多的人。待損益平衡後，規模大小就此決定。從相當於「營業額、收入」的金錢中，扣除相當於「經費」的部分之後，若未有「利益」的部份，將來的發展可能性即為零。

如果仰賴銀行的貸款，沒有利潤的話，等同是背負著債務，接下來就有破產的危機。這點不論是宗教法人亦或一般公司，情況都是一樣。

關於「利益」這部分，我試著更詳細敘述。

我開始這個工作已經有了約三十三年的時間，從實際創立宗教，開設事務所至今則為第二十八年。於此期間，關於金錢的部份，確實學習了不少。

譬如，或許非營利組織方面的工作，在免費的前提下執行各種事務或許沒問題，但透過諸多經驗，我明白到免費執行的工作，出人意外地都沒什麼成果。

重點在於，如果什麼都免費，既不會衍生責任，也不需去檢討自己是否滿足了顧客的需求，更不需要自我反省。想著「反正是免費所以無關緊要」，自然會變得不負責任，亦無法產生想要使對方快樂、感動，或是讓對方有所好感的心境。

演講會舉辦規模越是擴張、費用隨之上揚

舉一個實際的例子，本會草創初期時，演講會大多選在公民會館之類的地方舉行，會場租金也很便宜，大約十萬日幣左右就能借到。因此，入場費用只要收個一千日幣左右即可收支平衡。

然而，隨著會場規模越來越大，容納人數來到一兩千人、五千人，甚至一萬人時，租借會場的費用跟著上揚，加上場內設置與事務花費，整體支出來到了數千萬日幣。

現在幸福科學興建了自己的精舍，在這些地方舉辦自然不需多少花費，但若是沒有這些建築物，除了會場租金之外，還得加上其他的支出。僅僅一天的演講會，仍需架設說法壇、準備聽眾的座席、租借燈光設備等等，這些都很花錢。

附帶一提，像是橫濱體育館規模的場地，類似燈光秀的表演，就算只用上兩、三分鐘，但也因為「透過電腦控制執行所以有其困難度」的理由，花費了大約一千萬日幣左右的經費。

僅是燈光的變化是否真的價值一千萬日幣，這我不是很清楚。未曾待過相同業界、經歷過同樣工作的人是無法判定其價值的。

若是同時有好幾個業者，各自提出報價，再以成果優劣之差異程度來比較，或許還能大略推測出一個數字；然而若處於無從比價的狀況下，也只能拜託這家業者來負責該項工作。「如此短的時間就能賺取一千萬日幣啊！」之類的心境也不是沒有，不過聽到「善加操縱電腦系統，讓燈光自動按照預定的移動並非易事」之說法，倒也覺得不無道理。

雖然沒有燈光秀也不會影響演講會的進行，說不定當時只是覺得「這樣感覺比較好」。撇開這些不談，總之，在會場舉辦研習活動的費用越來越高這點是事實。

以專家立場感受到之「收費」的壓力

如此一來，我的演講「入場費」也從一開始的一千日幣左右提高至兩千日幣、三千日幣、五千日幣，接著來到一萬日幣，依據座位的分別，開始出現兩萬日幣、三萬日幣、五萬日幣的價格。

只不過，隨著價錢越來越高，責任也越趨加重。想到要進行此等規模的演講，自然會感到必須要十分謹慎。

理所當然地，活動務必要成功，不容許失敗。此外，倘若辦得不好，也不保證不會因此出現虧損。

順帶一提，以前週刊雜誌曾經刊載過「東京巨蛋演講花了六十億日幣」之類的報導內容，那完全是捏造的內容。當時所耗費的金額，會場租金加上設備與業務費用，再算上其他雜項支出，總計只有約兩億日幣左右。

只不過，舉辦一次的東京巨蛋演講會，如果無法產出利益，便無法繼續舉辦其他演講。此外，若是舉辦大型的活動後虧損，之後的活動規模就會越變越小。能否產出利益，這在過去的確很花費工夫。

不管怎麼說，以一個專家的立場執行工作，面對要向他人收取金錢的狀況時，的確會產生頗大的壓力。

當時入場費僅需一千日幣的演講會，確實比現今的演講會「輕鬆」許多。若是現在要舉行入場費一千日幣的演講，我的感覺就像是解開西裝外套的釦子，或者是用扇子搧涼一樣簡單（笑），因為會抱持「所以內容就是一千日幣程度的就行了嘛？」的心態。反過來說，若是以萬為單位的收費，自然會感受到相對等的壓力。

身為專家不可或缺的「平日的學習」

那麼，想成為專家，該怎麼做才好呢？

首先，平日的學習非常重要。務必要從平時多方累積學習，同時對於既定的工作，亦得進行符合該工作的學習。

這同時亦屬於「智謀」的一部分，總之，慎重且認真學習至關重要。倘若稍有偷懶，馬上就會出現影響。

舉例來說，講述本章內容的說法，現場的參加者來自全國各地。要是我在事前偷懶，就結果來說，下次來場的人數勢必會減少。若非勉強要求，大家就會越來越不想到場。反過來說，若是我認真講述、沒有一絲偷懶，之後就會有越來越多的人特地遠道而來；這是屢試不爽的情形。

另外一個例子，在東京正心館舉辦說法時，在回答聽眾提問的時段裡，提問的對象常常是來自其他縣市的聽眾。想到他們遠從北海道、九州、中國地區來到這裡，恐怕是耗費高額的交通費，不禁對此感到佩服。於是，我也常時思索著「自己的工作，能否給予對方相對等的價值」。

我有一個反省的習慣，就是在說法結束之後，我會重新看過一遍錄製的DVD，重頭檢視並判斷內容是否適切且正確，終究還是有那般「慎重」的想法。

這樣的想法，我想在任何工作上都是一樣的，要靠工作獲取金錢，絕對不是一樁輕鬆的事。

員工產出的附加價值越大，公司發展就越蓬勃

所謂專業的工作，首先要認識到正職員工以及非正職員工，要求兩者的標準應有不同。正職員工的身份帶有「只要不行違法之事，或是工作別太粗糙，公司就會養你一輩子」的意味，相對地說，成為正職員工之後也要付出相當的努力。

而正職員工當中，有些人將被賦予主任、課長、部長等頭銜，但這些職位可不是因為年齡增長，就能理所當然地獲得。在公司公器化、成為眾人所共有的組織之後，

獲得職位卻未產出相當的附加價值，那等於是讓公司損失，也意味著此人變成了「造成麻煩的員工」。

也就是說，各位要檢視自己工作的價值是有所提升，亦或是下降。

如果是一人獨自進行的工作，可將如此價值想成「來自顧客的評價或支持」；如果是用人而遂行工作，則能以「團隊整體的成果」來判定價值。

那麼，該怎麼做個人工作的價值才會提升呢？

首先，判斷的最低標準為「把這個人放到這個位置上，有他在，情況就會越趨好轉。有他比沒他要來得好」。

反過來說，若是這個人的存在，會形成負面效果的話，那麼此人就是會給人帶來困擾的員工。公司聘用這類的人，其實對於國家來說是有幫到忙的，因為做為社會公器的企業聘雇了此人，就等於降低了失業率。

不管怎麼說，只要自己所產出之附加價值的總量越大，公司便將越趨蓬勃發展。

4・領導者所需要的「分析資料」的能力

隨領導者之判斷而改變的戰略、戰術

不過，在領導者每一次選擇戰略、戰術的過程當中，實則包含了一場競爭。

譬如，參加幸福科學經營類型的研修課程的人當中，有不少是公司的經營者。這些人參加同樣的研習內容，但從中獲得的心得卻是各形各色。

有人特別專注鑽研「集中戰略」的部分，從眾多商品中挑選出銷售狀況良好的商品，大量進貨並成功降低成本，以「業界最低價」的態勢大量賣出，提升公司的利益；本會信徒當中，有一位其公司就是採取如此策略。

此外，另一位信徒的公司，他未將觸角延伸到各種商品，僅針對某個種類的商品，盡其所能地讓該類商品的豐富性增加，讓顧客感覺到「只要到這間商店，什麼都有」。譬如，這家店在咖哩塊上，進了非常多種類的商品，讓人驚嘆「竟然有這麼多種

咖哩」。

就像這樣，同樣都是聆聽我的話語，但每個人都會擷取不同之處，進而運用在公司的戰略上。

關於這一點，諸位是否感受到，其實還有值得研究的空間呢？

擁有能從公開資訊當中辨別正確事物的眼力

此外，針對「安倍經濟學」，我認為「可能成功的因素」及「可能失敗的因素」同時存在，並且說過「今後必須進入忍耐時期的經營期，這著實是一場耐久賽。雖然現由政府帶頭，實體經濟狀況能否有所改變，恐怕還很難說」。（參照《忍耐時代的經營戰略》〔幸福科學出版〕）。

的確，日本股價逐步上升，來自國外的投資者，現在也於日本進行投資，然而國內投資者卻大部分都只考慮賣出。買進一點點，股價上漲了便脫手，很多人都只想著藉此獲取利益。實際上，對於經濟感覺會有所好轉的人，其實並沒有那麼多，大家都是維持觀望的態度。

「消費稅漲了兩次，這樣還能維持住好景氣嗎？」關於這個問題，我想只要有著專家心態之人，都應該好好思索。可能有效果，同時也可能沒效果。

我認為政府正操作著各種資訊，持續推動政策。此時，諸位務必善加判斷，其中哪些是正確的資訊，哪些又是操作出來的消息。

「能否從同等之公開資訊中，看穿某些事物」，如此能力對於必須作出經營判斷，或是負責此等工作之人，有著極大的重要性。

舉例來說，據二〇一〇年度的統計，中國的GDP（國內生產毛額）首次超越了日本。接著三年後的二〇一三年度，官方公布了「中國的GDP來到日本GDP的兩倍」之消息。

對此，想必連安倍首相都大感訝異。他之前會前往世界各地進行考查的理由，我十分能理解。

就像我曾經說過，就算日銀大量放款，向民間喊話儘管運用，大家也會小心翼翼，遲遲不敢出手。若是再出現一次泡沫經濟，問題就大了。若是不需要抵押，就能提供貸款，甚至不用還的話，想要借多少都可以當然很好；但若因為抵押品的價值下跌，而被要求還款的話，那可就吃不消了。

此外，我曾預測日本對於海外的投資會增加，而實際上日本首相真的出差前往海外，藉由日幣貸款的方式，幾近零利率地大量援助其他國家。若是屆時沒有償還，最後一定是日本自己做帳做掉。對於對方來說，當然沒什麼不好，再說，至今類似的抵帳也已經發生過不少次。

至於日本藉此能獲得多少感謝，恐怕就很難說了。例如中國，中國已從日本得到約六兆日幣左右的ODA（政府發展援助資金），預期中國會利用這筆資金來鋪設道路、建造橋樑等等；然而，實際上亦無法排除中國將其挪為軍事費用的可能性，所以對於日本來說是很危險的。

總而言之，面對公開的資訊，該如何去進行分析，是一個非常重要的判斷。

藉由新聞報導亦可窺見中國的盤算

關於「中國的GDP來到日本GDP的兩倍」，昨天（二〇一四年一月二十五日）的報紙刊載一則與粗鋼生產量有關的報導。想簡單一點，也可以直接其視為鋼鐵，從二〇一三年的鋼鐵生產量來看，中國的生產量是日本的七倍。GDP只有兩倍，鋼鐵生產量卻是七倍，這數據的背後恐怕有著異常的狀況。

若想要運用七倍量的鋼鐵，好比說，建築超級高樓大廈需要用到鋼筋、鋼骨，製造汽車時想必也會用到，或者是船舶等等，許多的東西需要用上鋼鐵。只不過，光從七比一這個比例來看，難免會讓人覺得「中國該不會是為了因應海洋戰略，想用來打造船艦吧？」

通常在打戰之前，會開始增加鋼鐵的生產量，為了融化鐵礦，焦炭的需求量亦會隨之提升。

關於這點，近幾年，中國積極採行資源外交，從澳洲、阿根廷、巴西、非洲等地陸續大量買進各種原料。期間，為了掌握來自澳洲的鐵礦，開始購買該國的土地。後來終究遭到拒絕，不得不改變策略。總而言之，光從這些動作，就可以看出中國正在進行某種準備工作。

類似這樣，必須要從公開資訊裡找出「異常點」，推測對方在盤算什麼。

為推行「公司內英語公用化」，老闆也需抱持重頭學起的態度

在商場當中，同樣也需要分析。例如，分析相同業界裡，其他公司的戰略。該策略是否有效，亦或是未能產出滿意的成果，對此都需要加以分析。

舉例來說，那些將英文設定為公司內通用語言的企業，想必有著「為了強化海外戰略，必須讓所有人都能使用英語」的想法，因而藉此來推動員工們的英語能力。

然而，透過外國人在海外生產的商品，以降低生產成本也是事實，但企業也有可能是為了再降低生產成本，才將英語設定為內部通用語言，以期拉近日本人與海外人士的聘僱標準。

也就是說，企業有可能會以外國當地的薪水那麼低，便能有如此產能，反觀日本國內，支付高額薪水也不見多少成果為理由，進而試圖想要將薪水調降，才會推動英語學習。對此，諸位務必好好觀察、詳加思考。

當然，想法是各種各樣，由於「中國境內經營風險」與「韓國境內經營風險」逐漸升高，日本政府正提出與伊斯蘭教圈增進交流的方針。雖然日本與該區域的風土民情有所差異，溝通上或許有其困難處，但日本正打算增加免簽證即可進入日本的國家，推測日後彼此之間將會以英語做為公用語。

附帶一提，目前伊斯蘭教圈的人口約有十六億人，預估今後將會增加到二十億人以上，而能夠靠英語進行工作的地方已不在少數。

再考慮到印度約十二億人口，這些人也幾乎都能使用英語，由此可知，將來至少有三、四十億人，能在英語圈工作。

從這個角度來看，一間公司為了想要做海外的生意，進而希望員工努力學習英語，這也有其合理性。

就算不把英語視為一個萬能的工具，一間公司是否能單靠日本國內的業務維持運作，亦非能百分之百肯定。倘若能事先準備好，在必要之時亦是一個拓展生意的手段，況且培養英語能力，也正是國家在推動的工作。

身為經營者，工作想必非常辛苦，但還是希望這些人能再將螺絲上緊，振奮精神，抱持重頭學起的態度。

我也很明白，若要求老闆成為公司裡英語能力最強的人，確實頗為嚴苛，更不是隨便就能到達的目標。

只不過，學習態度的部分是會客觀地看在員工們眼裡的，「年紀一大把了卻還這麼努力」、「已經那麼忙了，工作又辛苦、又常出差、與許多人見面，照理來說應該根本沒空學習的啊！老闆到底是用什麼時間學習的？」等等，這些都是員工們會出現的客觀看法。

總而言之，就結果上來說，社長沒有必要成為英語能力最強的人，重要的是，當位居高職的人，不以「沒時間」、「工作太忙」、「身體狀況不好」等藉口推辭，反而紮實努力地磨練可能成為自身武器的能力時，這樣的態度，便能夠引發更多人追隨。

5・擴展事業所需的「智慧」為何

推動眾人的條件之一——要師出有名

因此，想要「活用更多的人材」，至少必須符合兩個條件。

第一個條件，不論是國家等級的事業，亦或為民間的企業，乃至其他事業都一樣，簡單來說，「倘若未能師出有名，最終來說，不會得到眾人跟隨」。

回顧明治維新當時，應該馬上就會知道何謂師出有名。明治維新的成敗，最終結果之差異就在於這一點上。

再舉一個例子來說，鳥羽伏見之戰時，新政府軍隊只有四、五千人之流，反觀幕府軍隊，其人數有一萬五千人。也就是說，正面對決的話，幾乎可以肯定幕府軍會贏。

然而，新政府軍隊僅以四、五千人的弱勢軍力，高揭為朝廷而戰的「錦繡御旗」，以「幕府是為朝廷的大敵」之口號宣示於眾，由於推舉如此強而有力的理由，幕府軍最後不得不全面撤退。

就此可以理解到，能否師出有名的影響力極大，甚至能以四、五千軍力勝過上萬人的軍隊。若是自己變成了賊軍，自然無法湧現對戰的氣力，沒人受得了自己被視為野賊或是朝廷之敵。

於是，在如此情況下，只要趁勢追擊，確實很有機會取勝。

像如此「師出有名」，不僅是政治或革命，即便是一般公司也是需要的。企業通常始於小規模，組織越漸成長，就越是需要「組織必須要擴張」的正當理由。

也就是說，企業需要深入考量「本公司的成長、本公司商品的銷售、本公司的服務比其他公司受到更多人好評，這到底能否促進全體國民或是國家的發展，甚至有沒有可能為整個世界帶來好處」的正當理由。

無法考慮到如此層面的人，只能停滯於「以個體身份工作」的層級。如果希望

「善用人材、進一步擴張事業版圖」，正當的理由是不可或缺的。另外也得注意，不能以謊言或偽造之內容為基準，務必基於事實，推論出正當的理由。

譬如，在《三國演義》裡，劉備自詡為「漢室末裔」，宣揚「復興漢室」之精神；另一方面，曹操則被諷為「宦官的子孫」，備受冷言冷語。雖然最終漢室仍未能延續，至少劉備一直到就任平原相為止，均以「為求復興漢室」之正當理由一路奮戰而來。

正如上述，為了引發更多人追隨與採取行動，勢必需要正當理由作為基準；而在企業也是一樣的道理。

理所當然地，幸福科學至今亦提出多條正當理由，藉由反覆宣揚這些正當理由，隨著眾人信念之聚集，許多人都變得更為堅強。不久的將來，這些人勢必能迎戰並取勝，獲得正義。

從這個意義上來看，不論擔任何種工作，能否替自己的工作找到正當理由，實則至關重要。

推動眾人的條件之二——謙虛與努力的態度

另一個條件，則是對於位居上位之人的要求。

一個小的領導者，可能是課長、經理等級，乃至於公司的最高負責人。領導者除了要師出有名之外，此人越是成長，就越是必須將「自己」漸漸縮小、保持謙虛的態度。不因對象而有所分別，為眾人克盡己力，讓週遭人們看到這個態度至關重要。

也就是說，身處的地位越高，越需要檢視自身的不足之處，思索「什麼事是必須努力完成的？在哪些狀況務必保持謙虛？」不必他人提醒，總是努力奮鬥才行。

先前已提及「即便沒有受到指示，也明白自己的工作是什麼的人即為領導者」，然而，地位變得越高，私底下持續努力的謙虛態度，亦將變得越來越重要。

也就是說，「差遣許多人工作，自己變得輕鬆」或是「把工作交辦出去而變輕鬆」的態度是不適切的，還必須思索「當自己的業務減少時，應如何善用多出來的時間」。

譬如，除了將工作分配出去，可能獲得多餘的時間之外，在財務方面或許也會多餘裕。此時務必自問，應該將這些時間與金錢用在哪裡呢？應當透過怎樣的方法，使這樣的狀態不斷循環反覆並提升其規模呢？為了如此目標，自己進行了什麼投資？是否投入了時間或金錢？是否盡力利用瑣碎的時間、持續努力？

這些努力，實際上將有許多人看在眼裡。

培養自己的「分身」，養成幹部的方法

講述本章內容的法話當天，有許多經營者在寶貴的休假日來到現場學習。我相信這些人底下的員工，勢必也有人抱持「我們家老闆去學習了呢！」之想法。然而，實際上可能有人是在現場打瞌睡。因此，經營者還必須證明自己沒有打瞌睡。

當然，經營者無法在同一時間，讓所有的從業人員聽到自己的講話，所以就必須利用每天開早會或者是寫信，將自己學習到的東西，簡潔地教導從業人員。

就像這樣，努力地量產出自己的分身或者是幹部是非常重要的。

先前亦提過與曹操有關的例子，其實他跟《孫子兵法》亦有些關聯。

《孫子兵法》是中國著名的古老典籍之一。撰寫此作的孫子，除了司馬遷所寫的《史記》之外，幾乎未有其他資料提及其生平。因此世人不太清楚這號人物的面貌。

然而，到了三國時代，曹操在《孫子兵法》裡加上註解，曹操版的《孫子兵法》（魏武帝註解孫子）就此保存下來。現世所熟知的《孫子兵法》幾乎都以此版本為基準。

一般大致認定「除去曹操所加上的註解，其他便是孫子所撰寫的部分」。像曹操那樣成天與戰事為伍的人，還能夠讀懂《孫子兵法》，甚至加上簡單的解說與註腳，實屬不易。也就是說，這份「兵法」實則有著極容易理解的層面。

舉例來說，《孫子兵法》當中提到要「集中戰力」，另外也提到「應如流水一般」。然而，要想同時達成這兩個狀態，是非常困難的。

所謂的「集中戰力」，可以比喻成「以固定模式持續推展單一事物」；也可以想成「藉由自己公司最強力的商品一決勝負」。在投入「人力」、「物資」、「金錢」

的過程當中，也可能採取這樣的作法。

另一方面，所謂的「如流水一般自由，視對手的動向而改變陣形的作戰方式」這個部分，就是指「開發五花八門的商品、提供各式各樣的服務，以期不被察覺之後的動向」。

上述兩種方式都有其用處，只是要詳細解釋起來並不是那麼容易。

從這個意義來看，我認為曹操厲害的地方在於，他不僅是自行研究並善用《孫子兵法》的內容，更於其間加上註解，同時命下屬大量抄寫，並分發給可相當於幹部的將領與參謀，或者是有潛力成為幹部的人們學習。

也就是說，他藉由親自製作教材，讓下屬學習，以期讓他們能夠和自己有同樣的想法；如此努力十分重要。

幸福科學事先「將軟體教科書化」的理由

針對這點，幸福科學也進行著相同的努力，我們通常會先將軟體編輯為教科書。

只要事前做好準備，即能夠指導他人或提供他人學習，進而能增加有著相同思考邏輯的人。

從這方面來看，可以說本會相當重視事先準備教科書。

譬如，我們在創建幸福科學大學（HSU）的時候，在開學之前便已公開了授課內容，這是前所未聞的事情。

甚而，我們還大方地出版宣告「幸福科學大學打算進行這些事」的書籍。也就是說，我們提早將軟體的部分教材化。（參照《嶄新的大學理念》等，幸福科學出版）。當然，此舉有可能讓外界模仿學習其內容，對此，關鍵就在於「擁有多少的創造性」。

無論如何，所謂的事業，如果不能創造出眾多認同自己想法的人，規模就無法擴大。

請諸位務必深入思考這個道理。

6・領導者不可或缺的「肩負責任的力量」

在本章當中，我除了講述了「真正的領導者，不需要他人指示亦能理解『自己的工作為何』」之內容，更講述了「要師出有名」、「隨著自身的成長，必須要縮小『自我』的部分，更需展現出不浪費時間、鑽研創意、持續努力之姿態」，以及「關於資訊的分析，必須要習得能夠與他人產生差異之分析方法及正確判斷之能力」。

身處於現代，除了「持續學習」之外，「洞察他人尚未留意或思及之事物的能力」亦為智謀之領導力的要素之一。

在擁有此等心態之後，身為一個領導者，為求能執行到底，實則需要「決策力」、更需要「執行力」；這部分將越來越重要。

最後的最後，終究不可或缺的是「勇氣」。

到最後，必定會出現結果。閃躲面對結果的人，說到底，並不適合擔任領導者。

無法肩負責任的人，頭腦再怎麼好、學識再怎麼淵博，仍舊只能停留於參謀的程度。

具備「大將之器量」的人，即便作戰失敗亦能果敢負起責任。既有贏的機會，亦有輸的可能，領導者必須具備承受所有結果的勇氣，發揮判斷力、決斷力、執行力，扛下所有的責任。

當然，其中也包含「該撤退時，果斷撤退的勇氣」。我認為這正是「將領該有之器量」。

就結論來說，為了成為一名真正的領導者，除了參謀等級所需之「智謀」之外，更該具備「勇氣」、「決斷力」、「執行力」，以及「責任力」才是。

第六章

第六章　智慧的挑戰

1．最為重要的「原點」為何？

幸福科學的活動涉及諸多方面，我在遂行各種工作時，曾多次返回原點思考「到底什麼才是最重要的？」

若問那原點是什麼？那其實是簡單易懂、極其理所當然之事。

現今的社會已變得非常複雜、文明高度發展，學問也已走向專業化以及細分化。對於在各自的領域中探究專業的人們來說，對於「人究竟為何物？」、「人為何要降生於世間？」、「人從何處轉生而來？」、「死後又將前往何處？」等等如此單純的問題，卻無法給出答案。

對於個別的問題，人們是非常清楚的。在一百年，甚至兩百年前，人們根本無法想像如今會出現如此眾多的專家。他們對於自己的專業和工作皆充滿自信。

然而，談到整體的人類觀，當被問及「你是何種存在？自己做為人，究竟意味著什麼？對此能回答嗎？」只有鮮少的人能夠準確地回答。

2．真正的「知的權利」為何？

人們真正應當理解之事

如今社會廣泛議論著「資訊的公開」和「知的權利」之重要性，這的確沒錯。

然而，如此「知的權利」，並非僅代表得知世間之事的權利，對此諸位務必要理解。

人真正應該知曉的是「自己是怎樣的存在？」、「現在為何而存在？」。

為何能以如此姿態，
有著世間的能力、才能，
出生並活於世間？
又為何能以歡喜、
能以悲傷、
能以痛苦、
或以溫和之心度過生活？
人為何即便想要放棄努力，
卻又無法放棄呢？
人為何想要追求提升，
哪怕只有提升一兩步，

也要比現在的自己有更高度的精神提升呢？

如果人是偶然地被扔棄於世間的存在的話，

為什麼世間還會存在著，

想要向他人施愛的人呢？

為什麼還會出現想要關愛眾人之人呢？

這都是根源的問題。

「知的權利」越是擴大，諸位就能越加明白，世界各地充滿了各種紛爭和憎恨。

紛爭與憎恨之中，有一群人們光輝閃耀

在如此紛爭和憎恨之中，有著一群光輝閃耀的人們。

他們身處於紛爭之中，卻跨越了如此爭端。直到今日從未放棄，拼命地努力；哪怕只有一小步，也要將人類向前推進。

聚集在幸福科學的我們，雖然力量尚且薄弱，但我們仍在可行範圍之內，持續做該做的事。

然而，從全世界的數十億人口來看，我們的工作規模還是非常的小；即便全世界的一百多個國家現今正聆聽著我的話語，如此聲音仍無法徹底地傳達給眾人。

我每天都在講述法話，或是收錄來自異次元的話語，並且將其發行成冊，在世界各國出版，但是很遺憾地，仍未能傳達給所有人。

遠離信仰的現代人，被物質文明擊敗

不過這是否也能有不同的解釋？

現今在日本透過如此形式，實況轉播著我的講演；更獲得數個電視台的協助，將講演的部分內容，於電視上進行播放。

另一方面，非洲已有三千萬以上的人，在電視上觀看過我的講演。甚至還有人每週準時觀看，聆聽我的聲音。

此等態度的差異，我想也是取決於人們「對於宗教的態度」。

隨著文明的高度化發展、物質文明與各種產業越來越發達，為何人們卻疏遠了信仰呢？

「信仰有悖於近代文明、信仰有悖於現代社會」，或許人們心中隱藏著這固有成見吧！又或許，一旦被他人發現自己有著對於神佛的信仰心，有些人會因此感到害羞吧！

然而，若是你無法回答出「自己是從何而來？為何生於世間？」之問題，那就意味著你已被這世間的物質文明擊敗了，對此絕不可忘記。

賦予學問更高一層的「智慧之光」

目前我們正為設立幸福科學大學，興起了巨大的運動。

現代在眾多大學當中，正傳授著各種知識。透過這些學問所得到的知識構成教育，成為人們頭腦的力量以及思考的力量，進而成為促使世界更為前進、更為便利的力量。對此我不會加以否定。

世間當中，尚有許多糧食缺乏的人、沒有棲身之地的人，或者是沒有足夠飲用水的人、無法照顧家人健康的人，以及想要造橋鋪路卻缺乏物資的貧窮國家；對於身處於此等世界的人們，透過學問的力量，給予嶄新的知識、高度的智慧，拯救世間之人並讓其得以發展，是很重要的任務。

然而，如此學問需要更高的力量，需要「智慧之光」。

分辨知識能否帶給人幸福的「智慧的力量」

請自問「學問是為何而存在？知識是為何而存在？為何要變得賢明？為何要成為專家受人尊敬？」

對於那些擁有許多知識、得到眾人尊敬的人，我希望這些人明白「自己的言論既可以拯救眾人，亦能使眾人迷惑」之事實。

所謂的知識，其實應當為價值中立。

雖然知識本身看起來能有所助益。實際上，知識既可能有害於人，亦能夠替人帶來幸福。

那是能讓人幸福的知識？還是最終會傷害他人、使人痛苦、傷悲的知識？區分這兩者的即是智慧的力量。

3．於地上世界讓世人窺見天使的蹤跡

跨越世間的「區別」與「歧視」，獲取拯救眾人的「智慧」

那麼如此智慧，到底要如何才能得到呢？

當然，可以夠透過平日各種的學習、經驗來取得。

此外亦能夠學習自己前輩的經驗，獲得更高的認識力，度過正確的人生，亦能夠進一步指導他人；這是無須質疑的事實。

然而，我想要進一步向各位述說。

諸位轉生於這世間的理由、被允許存在於世間的理由，其實是非常單純的。

各位轉生至世間，其理由十分單純：因為人就是來回於稱為「靈界」的實在世界，以及稱為「世間」的地上世界之「旅人」。

人活於世間之時，就會忘卻實在界是怎樣的世界，變得只對世間之事表達關心。

然而，從那被稱為「實在世界」的真實世界當中，獲得並具備了人得以生存下去的力量、「德性力量」之人的眼中，世間世界其實就是「佛神所創造的世界」。所謂的德性力量，是一股傳承自「實在世界」、人們生存所需的力量。

若是以世俗的差別觀來觀看世間，就會因為膚色的差異、收入的差異、地位的差異、學歷的差異，甚或是出生地的差異，進而區別人們，亦或以不平等的態度對待他人。然而，從更高的靈性世界來看如此世間的區別或歧視，其實是完全行不通的，對此，各位終將知悉。

若以較高的觀點來看，當人們在滿布人生障礙、身處比他人嚴酷的立場、或危險痛苦的戰役中，還能夠發揮愛心、向他人伸出拯救之手的話，此人即是世間之光，即是世間之愛，即是世間的寬恕。

在這充滿困難的地上世界中，如果能夠向他人展現那天使的一面，就表示各位在這世間已獲得一部分的智慧。

在「多樣的人生態度」中，如何帶領國民走向幸福？

現今全世界有近兩百個各種各樣的國家。

雖然都同處於二十一世紀，但有許多人是生活在完全不同的環境、生活在完全不同的指導體制、教育體制、政治體制之下。

有多少種樣式的人類，就有多少種的文明實驗，就有多少種的生活方式，對此不得不認同。

即便有多樣的生活方式，引導該國人們獲得幸福的方法雖然不同，只要其目標、目的是明確的，就算路徑不盡相同，一樣能攀登到頂峰。

倘若有人用了錯誤的方法，讓世間的不幸擴散，甚而讓不幸擴散到其他國家的話，那麼將春天的陽光投射到這些人頑固的心中，即是幸福科學的工作。

期望盡早將真理傳達至遠處

我真心企盼能將如此真理盡速散佈至遠處各地。

但在現實世界中，我們的腳步有如蝸牛一般，遲遲不見前進，實在是沒有進展。

我於一九九〇年開始，在能夠容納一萬人聽眾的會場進行講演，當然，那個時候並沒有衛星實況轉播。當時的人們，不論是春天、夏天或秋天、冬天，應該都來到會場聽聞了我的話語。

現今則是透過衛星，向日本國內及海外各地共約三千五百個地方進行轉播。

和那個時候相比，可以說教義遠遠地廣泛傳佈。

但我們的力量還不夠充分，對此請各位務必瞭解。

於世間的勝利及愛爾康大靈的使命

我們現在以日本為基地，遂行著傳佈真理的活動，但現今亦存在著敵視日本的國家。

思想有所不同，我認為是沒有關係的；相互糾正對方的缺點，此等努力至關重要。我也不認為，日本人是完美無缺的。

然而，「過去的日本人做了什麼樣的事」，導致「現在的日本人過著什麼樣的生活」，人們應該以此等「果實」來加以判斷。

現今生於日本的諸位，如果諸位心中盼望全世界的人們都能幸福，即便是那些憎恨日本人、主張「一千年都不寬恕日本」的國家，若諸位亦願意對那些人表現出愛和寬恕的力量，那麼各位就已經在世間獲得勝利了。對此，我能斷言。

今後要持續一千年，一直憎恨日本人也沒關係。

但對於這些國家，我們就寬恕他們二千年吧！

倘若有人主張「日本曾行惡長達幾百年」，對於這些國家，我們就帶給他們數千年的幸福吧！

不僅於此，由於宗教的不同，伊斯蘭教、猶太教、基督教、佛教，以及其他各種思想、信條的差異，造成世間當中產生了憎恨。

然而，消除那般憎恨，即是愛爾康大靈的使命！

幸福科學認為「愛爾康大靈是至今引導世界各大宗教的存在」。從一般日本人的常識來看，或許認為「這說法是異想天開、無稽之談，在學問上是不予承認的」。此等想法，對一般日本來說是所謂的「常識」。

然而，正如耶穌所說的，觀察其「果實」，就能知道這棵「樹」是否為一棵好「樹」。

於世間的光明指導靈的工作

倘若諸位結出的「果實」，能夠跨越那憎恨，在全世界開出愛的花朵，那麼教導這教義的根本之「樹」，即是為了拯救世界而存在的「樹」。

這棵「樹」的名字即為「愛爾康大靈」。

名字是什麼並不重要，我所說的是「根本的存在」、「唯一的存在」。

在如此教義之下，才衍生了世界的宗教、思想、哲學以及各種的學問。

如今被細分為各種內容，逐漸變得難以理解。

即便是研究宗教學，也難以瞭解宗教的根本。在佛教學的研究者中，甚至有人指出「佛陀是無神論者、唯物論者」；甚至還有一個國家，雖然很尊敬孔子，但因為孔子未曾提及靈界，因而完全無視靈界的存在（注：根據報導，中國國家主席習近平於二〇一四年九月的中央民族工作會議中，強調「共產黨員不可信仰宗教，共產黨應堅持黨員不可參加宗教活動的規定」）。

經年累月之後，許多事物就像蒙上沙塵，變得模糊或陳舊。

因此光明的指導靈就必須不時地轉生世間，打破人們的迷妄。

糾正人們的錯誤、指正教義的錯誤，以明確的方式教導人們應有之姿；這即是光明指導靈的工作。

歷史上有許多人最後度過了悲慘的人生，因為他們講述了該時代之常識無法理解的想法，無法被同時代的人們理解。

諸位的眾多前輩當中，有許多這樣的人。

4．在不滅真理之下

獲得人類普遍之真理即為「智慧」

然而，我要對各位說。

這世間的生命是有限的。

但是真理絕對不死。

真理是不滅的！

我所述說的話語，

即便過了五百年、一千年、兩千年、三千年，

仍舊會遺留於人類史上。

屆時，人們或許不再有愛爾康大靈的照片或影像吧！

但是「曾經有一個人，出生於東洋的小國，

從那個地方，跨越了日本國境，對著全世界的人們講述了福音」的事實，

如此事實是絕對不可使其於地上的歷史消失的！

希望各位不要只單純地滿足於獲得世間的知識。

獲得超越世間的知識，得到「人類普遍的真理」，才是各位生於世間的理由。

那才是真正的「智慧」。

從「對學問之挑戰」邁向「智慧的挑戰」

我們已在日本的關東及關西建立了幸福科學學園，更要在二〇一五年建立大學。我們對於學問亦要進行挑戰。

世上有不少具有很高的學問、被世間認定為「偉大」的人，這些人通常不會對其他人充分表達感謝之心或熱切的愛意，他們只會奪取別人的東西、只想獲得他人尊敬，冷漠且自私。

看到如此事實，今後我想要讓做學問之人，具備著關愛眾人的器量。

那即是今天所述說的「智慧的挑戰」。

從今以後，
請各位掌握那久遠的真理，
在那真理之下，

不僅是為了自己，
還要為了自己週遭的人們、
為了這國家的人們、
為了世界人們的烏托邦世界，
堅持奮戰到底吧！

後記

隨著科技的發展，個人與組織所能掌握的資訊與知識確實大幅增加。不止是量，獲取所需的時間亦變得更有效率。現代人有時會陷入自己已來到了神之等級的錯覺。

然而，另一方面，看看那些一邊過馬路、一邊把玩著智慧型手機的人們，很難相信他們會變得比蘇格拉底或康德還要賢明。

二〇一四年的東京大學入學典禮上，教養學院長在對新生致詞時，曾如此訓誡道：「務必將把玩智慧型手機的時間移出一半來讀書。」這就像在我年輕時，曾有某位評論家說過「成天看電視，恐怕有一億個日本人會變成白癡」。而本書所論述的，則是現代版本的古典知性生活與知性生產的方法。

本書當中綴滿了世界產出量第一、超越時代之教育者的工作論。

二〇一四年 十二月

幸福科學集團創始者兼總裁　大川隆法